Ulrich Mack

Von Luther zu einer zeitgemäßen Spiritualität

Ulrich Mack

Von Luther zu einer zeitgemäßen Spiritualität

Eine Wegbeschreibung in die Stille

Titelmotiv von Markus Franke:
www.markus-franke-malerei.de

1. Auflage 2016

Gesamtherstellung Gerhard Hess Verlag
www.gerhard-hess-verlag.de

ISBN 978-3-87336-591-9

Ulrich Mack

Von Luther zu einer zeitgemäßen Spiritualität

Eine Wegbeschreibung in die Stille

Gerhard Hess Verlag

Inhalt

Danksagung

Für die Entstehung des Buches haben viele Menschen einen direkten oder indirekten Beitrag geleistet. Bei allen, die mich unterstützt und begleitet haben möchte ich mich bedanken.

Besonders danke ich den Lehrern/innen und Begleitern/inneren auf meinem Weg der Kontemplation und des Zen, K. Graf Dürckheim (†), E.-M. Jodl, J. Rieck, D. Zölls und W. Jäger.

Bei den Teilnehmern der Kurse „Werkstatt Spiritualität", der Einführungskurse in die „Stille Meditation" und der seit einigen Jahren bestehenden Meditationsgruppe möchte ich mich für das Interesse und die Fragen zu den behandelten Meditationsthemen bedanken.

Für das Lesen des Manuskripts und die erhaltenen inhaltlichen Rückmeldungen möchte ich mich bei Herrn R. Schmid, bei Frau R. Schuh bedanken. Bei meinem Freund Dr. H. Harr bedanke ich mich für die gemeinsamen Diskussionen und die kritischen Anmerkungen.

Ebenfalls danke ich Herrn Prof. Dr. J. Kunstmann für das Lesen des Manuskripts und die gegebenen Hinweise.

Für die geduldige Korrektur des Manuskripts und die sprachlichen Hinweise bedanke ich mich bei Frau S. Schuh.

Meinem Freund, Kollegen und Maler M. Franke danke ich für die Genehmigung, eines seiner ›Bilder‹, zur Gestaltung des Buchumschlages zu verwenden.

Herrn H. Wörner danke ich für die Bereitschaft, das Buch im Gerhard Hess Verlag zu veröffentlichen.

Ulrich Mack

Einleitung

In den vergangenen fünfzig Jahren hat das zunehmende Interesse an Spiritualität[1] zu einer Rückbesinnung auf die Praxis der Meditation inner- und außerhalb der Kirche geführt. Das Bedürfnis, den eigenen Glauben durch Erfahrung zu stützen und zu vertiefen oder der Wunsch nach einer Verankerung des Lebens in einem letzten Grund, sind der Anlass für diesen spirituellen Aufbruch.

Wenn Christen einen spirituellen Weg gehen möchten, dann ist es sinnvoll, die eigenen Traditionen zu kennen.

Deshalb möchte die vorliegende Arbeit *versuchen* den Zusammenhang zwischen dem heutigen Meditationsverständnis und dem Verständnis Luthers herzustellen; so bleibt die Verbindung mit der Tradition erhalten und damit eine Verbundenheit der Übenden mit der Kirche. O. Marquardt hat dies auf die Formel gebracht: *Zukunft braucht Herkunft.*[2] Das Bewährte kann erhalten bleiben und zusammen mit Neuem das spirituelle Leben bereichern und zu einer größeren Lebendigkeit des Glaubens verhelfen.

Methodisch wird so vorgegangen, dass bei der Analyse von Luthers Verständnis von Mystik und Meditation nach Anknüpfungspunkten für einen aktuellen spirituellen Weg gesucht wird.

Im ersten Teil wird in einem ersten Schritt Luthers Rezeption der mystischen Tradition vorgestellt, sowohl die mystischen Theologien wie auch die von ihm vorgefundenen Übungsformen in der monastischen Praxis. Mitentscheidend für Luthers Theologie waren seine eigenen mystischen Erfahrungen. Er hat für sich das in der Tradition vorgefundene Meditationsschema in ein eigenes umgewandelt. Die Verschränkung von Meditation und Glaube waren ihm sehr wichtig. Einige Beispiele der Weitergabe der Meditation in seinen Predigten und Schriften zeigen die praktische Bedeutung der Meditation für den Glauben. Abschließend wird die Stellung der Mystik in der Theologie nach Luther bis heute skizziert.

In einem zweiten Schritt werden Überlegungen entwickelt, die von Luther zu einer zeitgemäßen Form der Spiritualität führen. Dazu wird ein Paradigmenwechsel von der Mystik zur Spiritualität vollzogen, da sich heute die Erfahrungsinhalte und ihre Interpretation gerändert haben.

Als Anknüpfungspunkt an die Tradition bietet sich Luthers Mediationsschema an. In einem dritten Schritt wird dieses verändert und neu interpretiert. Das Ziel bleibt gleich: Mit Hilfe der Meditation den Glauben zu vertiefen.

Im zweiten Teil wird ein neuer Zugang zur Meditation aufgezeigt: Meditation wird als natürliche Fähigkeit des Menschen auf Grund seiner Möglichkeit zur rezeptiv-schauenden Wahrnehmung aufgefasst. Ausgangspunkte sind die Träumereien von J.-J. Rousseau und die Kunst der Müßiggangs bei H. Hesse. Diese Erfahrungen zeigen, dass Meditation eine gezielt hergestellte Wahrnehmungssituation ist, die sich im Alltag auch immer wieder ganz natürlich einstellen kann. Deshalb wird die Bedeutung der Wahrnehmung für die Meditation aus naturwissenschaftlicher und philosophischer Sicht untersucht und dargestellt. Daran schließt sich die Problematik einer theoretischen Beschreibung der Wirkungsweise der Meditation an.

Die Verknüpfung von Wahrnehmung, Geist und Bewusstsein erlaubt, Meditation als natürlichen Vorgang zu erleben und zur weltanschaulich neutralen Meditation zu nützen, aber auch in der Auseinandersetzung mit dem eigenen Glauben als Grundlage für einen spirituellen Weg einzusetzen.

Nach dem Versuch einer phänomenologischen Begründung und Beschreibung der Meditation folgt eine praktische Einführung mit der Fragestellung: Meditation – Wie und wozu? Beschrieben werden: Die Grundlagen der Praxis, die erforderliche Motivation, sowie die praktische Durchführung der Übung. Die immer wieder auftretenden Schwierigkeiten, die Ziele auf der psychischen, der sozialen und der spirituellen Ebene werden beleuchtet. Alle Ziele haben sich im Alltag als Einübung in eine Lebenshaltung zu bewähren. Das Kapitel wird mit einigen kurzen Hinweisen auf wahrzunehmende Risiken und Gefahren in der Meditation abgeschlossen.

In einem Ausblick wird noch einmal auf die Bedeutung eines spirituellen Weges für den Glauben, die Zukunft der Kirche und die Bewältigung der anstehenden Probleme des gemeinsamen Lebens in dieser Welt verwiesen.

TEIL 1

Mystik und Meditation bei Luther

1.

Zur spirituellen Situation heute

Die Bedeutung der Kirche ist zurückgegangen, gleichzeitig aber das spirituelle Interesse erhalten geblieben. Die „neue Religiosität" entwickelt sich weitgehend an den Kirchen vorbei. Die spirituelle Suche der Menschen wird heute von ganz unterschiedlichen Anbietern in unserer Gesellschaft befriedigt. Es hat sich ein religiöser Markt etabliert, der mit verschiedensten Angeboten in Konkurrenz um Kunden bzw. Interessenten wirbt.

Für diese Formen der *postmodernen*[3] Religiosität gibt es unterschiedliche Ursachen. Eine wesentliche Ursache für die neue spirituelle Sehnsucht besteht darin, dass die bisherigen *Sinndeutungen,* die die herkömmliche Religion anbietet, nicht mehr tragen. Selbst im säkularen Bereich der Naturwissenschaften hat sich ein deutlicher Wandel vollzogen: Auch die Wissenschaftsgläubigkeit ist in die Krise geraten. Dieser doppelte Verlust an *Sinndeutung* hat die Menschen in eine tiefe *Orientierungsunsicherheit* gebracht, die Ausdruck einer Risikogesellschaft[4] ist.

Eine weitere Ursache für die spirituelle Sehnsucht ist der Pluralismus der Postmoderne. Es gibt den *Boden für eine gemeinsame Überzeugung* nicht mehr. J.-F. Lyotard[5] hat die Wurzel der postmodernen Situation getroffen indem er darauf hinwies, dass Ende des 19. Jahrhunderts die großen einheitsstiftenden Metaerzählungen[6] wegbrachen (Aufklärung, Kultur, Geschichte). Damit gibt es kein geistiges und gesellschaftliches Integrationsmodell mehr.[7] Der Mensch ist vereinzelt, er hat nur noch sich selbst und damit die Verantwortung für sein ganzes Leben.

Diese Zeitströmung führt die Menschen zu einer nie gekannten Unübersichtlichkeit und einem ganz neuen Entscheidungsdruck, der eine Sinnkrise der richtigen Wahl provoziert. Der damit verbundene Individualismus fragmentiert die Gesellschaft, indem er die sozialen Bindekräfte in allen Lebensbereichen lockert bzw. auflöst. Es kommt zunehmend zu einer Entinstitutionalisierung der Religion[8]; Religion wird ganz zur Privatsache. Geblieben ist dennoch die Sehnsucht nach spirituellen Erlebnissen. Sie kann als Ausdruck der postmodernen Vergewisserungssehnsucht angesichts der radikalen Anforderungen an den Einzelnen durch die Multioptionsgesellschaft verstanden werden.[9]

Ausdruck für die Sehnsucht nach religiöser Erfahrung ist auch der allgemeine Erlebnishunger des postmodernen Menschen. Der Soziologe G. Schulze[10] hat unsere Gesellschaft schon in den 90er Jahren als *Erlebnisgesellschaft* qualifiziert. Das Leben wird als Reihe von Events gewünscht. Was für das eigene Leben zählt, ist das persönliche Erleben; darin liegt eine Lebenssteigerung aber auch eine Rückversicherung des eigenen Lebens. Diese Erlebnisorientierung wird auf den Bereich der Religion übertragen.[11] In Bezug auf den Glauben bedeutet dies für den Menschen: Nur was er selbst erlebt, ist für ihn gültig, weil es ihn in seinem Leben bestätigt. So bestätigt auch die spirituelle Erfahrung den persönlichen Glauben. Dahinter verbirgt sich neben der Sinnfrage, die existentielle *Grundfrage:* Wer und was bin ich eigentlich?

Die Sinnfrage wird gleichzeitig verstärkt angesichts der endlichen Lebenszeit. Einerseits treibt die Lebenskürze zur Eile, das Leben wird zur letzten Gelegenheit, denn nach dem Tod ist alles aus. Andererseits stellt sich die Frage: Wozu dieser ganze Aufwand in einer Welt, die gekennzeichnet ist durch Kriege, Macht und Leid. *Was sollen die paar Jahrzehnte unseres Lebens?* Ausdruck für die Verzweiflung ist das Bild ›der Schrei‹, von Edvard Munch. Wir benötigen eine persönliche Antwort! Die Spiritualität bietet dafür einen Weg an.

Schon 1984 hat M. Nicol in seiner Luther-Studie in der Einleitung darauf hingewiesen, dass *Meditation* im Zusammenhang mit dem Wunsch nach einer Erneuerung der Spiritualität zu einer Überlebensfrage der Kirche werden kann.[12] Er nimmt hier eine Aussage von K. Rahner ernst, die häufig als Warnung an die Kirchen zitiert wird: »Der Fromme der Zukunft wird ein Mystiker sein, einer, der Gott erfahren hat, oder er wird nicht mehr sein.«[13] Die Mystik ist von existentieller Bedeutung für das Überleben des Christentums. In der neueren finnischen Lutherforschung wird als wichtiger theologischer Lehrpunkt Luthers auf die *real-ontische Teilhabe an Gott* bzw. auf die *Vergöttlichung* des Menschen hingewiesen.[14]

Ein Plädoyer für eine Erneuerung der religiösen Kompetenz in der Kirche formuliert auch J. Kunstmann. Er sieht den vergessenen Schatz der Kirche vor allem auch in der Mystik. Die

Zukunft der Kirche sieht er nicht in einem gelehrten, sondern in einem gelebten Christentum. Sein Zentrum hat das Christentum »in der mystischen Erfahrung des nahen Gottes und in einer auf sie bezogenen spirituellen Theologie und Kirche, die nicht auf Normierung und Eingemeindung setzen, sondern auf Wege, den Menschen in die Wirklichkeit des Heiligen zu stellen.«[15]

Es geht nicht darum, Luther zum Mystiker erklären zu wollen, sondern darum, zunächst aufzuzeigen, „dass" Luther meditiert hat, „wie" Luther meditiert hat und dass er „mystische" Erfahrungen für sich selbst in Anspruch genommen hat. Es wird dabei deutlich, dass Luther aus heutiger Sicht der Mystik zugerechnet werden kann.

Inzwischen wird auch in der Forschung Martin Luthers Verhältnis zur Mystik differenzierter dargestellt.[16] Seine Einstellung zur Mystik war viel positiver als bisher häufig angenommen. Der Reformator nahm nach neueren Erkenntnissen der Forschung Anliegen mystischer Spiritualität positiv auf, interpretierte diese aber im Sinne seiner reformatorischen Erkenntnisse neu.[17] P. Zimmerling kommt in seinem Buch Evangelische Mystik zu dem Schluss, dass Luther ein eigener Platz in der Geschichte der christlichen Mystik gebührt.[18]

2.

Luthers Auseinandersetzung und Rezeption der mystischen Tradition

Der junge Luther akzeptiert zunächst den Vorrang der mystischen Theologie »als einer auf die geistliche Erfahrung ausgerichteten deshalb, weil diese nicht das Produkt der menschlichen Wirksamkeit ist«.[19] Es ist immer Gott selbst, der den Menschen zum Heil führt.[20]

Die wichtigsten Vertreter der mystischen Theologie, mit denen Luther sich beschäftigt hat, werden im Folgenden kurz vorgestellt. Luther kannte die Schriften des Pseudo-Dionysius Areopagita (ca. 500 n.Chr.). [21] Er stimmte zwar dessen via negativa im Sinne des verborgenen Gottes zu, lehnte aber schnell die spekulative Seite des „Vaters der christlichen Mystik" ab.[22]

Den Kirchenvater Augustinus (354-430) schätzte Luther sehr. Er kann dessen Schriften fast mit der Bibel gleichsetzen: »theologicam hanc, id est bibiliam aut S. Augustinum.«[23] (Es gibt keine Theologie außerhalb der Bibel als die des Heiligen Augustinus.) Dessen Schriften *Über Geist und Buchstaben* (De spiritu et littera) und die *Bekenntnisse* (Confessiones) spielen beim Turmerlebnis Luthers für die reformatorische Entdeckung eine Schlüsselrolle.[24]

Auch Augustinus rang mit Gott und erfuhr eine mystische Befreiung beim Lesen einer Stelle im Römerbrief (Röm 13, 13f).[25] Charakteristisch für die Mystik des heiligen Augustinus ist zum einen, dass er das Gott-Finden in das Innere der Seele hinein verlegt, nicht in eine abstrakte Höhe jenseits der Grenzen dieser Welt, und zum anderen, dass die mystische Vereinigung mit Gott bei ihm das Ergebnis angestrengten Suchens seitens des Menschen und zugleich ein Geschenk der erbarmenden Liebe Gottes ist. Beide Gedanken haben im Mittelalter Schule gemacht und treffen auch auf Luther zu.

Noch vor Augustinus kann Luther jedoch B. v. Clairvaux (1090-1153) als den *Prediger* Christi bezeichnen.[26] Er hat das einflussreiche Werk *De diligendo Deo* (Über die Gottesliebe) gekannt. Von ihm hat er die Motive und Themen der Brautmystik übernommen und auch in die Schrift *von der Freiheit eines Christenmenschen* eindrücklich eingefügt.

Sehr geschätzt hat Luther die Predigten von J. Tauler (1300-1361). J. Tauler war für ihn wichtig, denn dieser betonte, dass der Mensch die Geburt Gottes in sich zu erleiden hat[27]. Die Mystik J. Taulers ist auf Erfahrung angelegt. Dazu verweist er in seinen Predigten immer wieder darauf, dass es notwendig ist Gott zu erfahren, zu verkosten, statt nur mit dem Verstand zu wissen.[28] Pointiert formuliert er: »Unser Herr sagte: *Eines ist not!* Welches ist nun dieses eine? Dieses *eine* besteht darin, dass du erkennest dein Nichts, das dein eigen ist, erkennest, was du bist und wer du aus dir selbst bist.«[29] Der Kirchenhistoriker V. Leppin weist ebenfalls auf den großen Einfluss von J. Taulers Mystik auf Luther hin.[30]

Beeinflußt war Luther auch von der *Devotia moderna*, die er schon in seinem Magdeburger Schuljahr kennengelernt hatte und für die er eine lebenslange Sympathie hegte.[31] Diese Bewegung betonte die Wichtigkeit, ein mystisches Gespür für die direkte Gegenwart Gottes zu entwickeln.

Mit der Schrift des Frankfurters[32], der *Theologia Deutsch*, verband Martin Luther sein eigenes reformatorisches Anliegen. Sie war für ihn ein Vorbild für den christlichen Glaubensweg. Die Schrift ist eine Anleitung zur christlichen Vollkommenheit, zur *Vergottung* des Menschen.[33] Die *Theologia Deutsch* wurde von ihm 1516 und noch einmal 1518 herausgegeben. Sie wurde zu einem zentralen Erbauungstext der Reformation.

Diese Beispiele zeigen, dass Luther sich intensiv mit der ihm vorliegenden Literatur auseinandergesetzt und aus diesem Gedankengut für seine eigene Theologie geschöpft hat.

3.

Meditation bei Luther

Die mystische Erfahrung bei Luther

Luther selbst leugnete nicht die mystische Erfahrung, vielmehr nahm er für sich selbst den höchsten Grad mystischer Erfahrung in Anspruch: »semel raptus fui in tertium celum« (Einmal bin ich in den dritten Himmel gerissen worden). Mit der höchsten Erfahrung, der contemplatio intellectus,[34] hat er aber niemals seine Autorität begründet.[35] Luthers Ablehnung der Mystik richtet sich vor allem gegen alle spekulative Mystik oder bloße meditative Versenkung in das Leiden Christi mit dem Ziel einer moralischen Nachfolge.[36] Den Schwärmern – A. Karlstadt und seinen Anhängern – wirft er vor, sie seien nicht radikal genug. Die Identifikation des Christen mit Christus »gehet nicht speculative sed realiter zu.«[37]

Entscheidende „Seelen-Grunderfahrungen“[38] bei Luther

Die intensive Suche nach Gott und die Frage nach Gottes Gerechtigkeit hat nicht nur in der strengen Erziehung[39] Luthers seinen Grund. Die existentielle Gewittererfahrung[40], die ihn zum Eintritt ins Kloster gezwungen hatte, ist eine grundlegende Vorauserfahrung, die Luther zu einer solch intensiven Gottsuche angespornt hatte. Er hatte erfahren, dass das Leben plötzlich vorbei sein kann. Damit stellt sich ihm die Frage wie er vor Gott bestehen kann.

Die Gewittererfahrung bei Stotterheim

Am 2. Juli 1505 reiste Luther zurück von Mansfeld nach Erfurt. In der Nähe des Dorfes Stotterheim geriet er in ein Gewitter. Ein Blitzschlag warf ihn zu Boden. In Todesangst versetzt legte er das Gelübde ab: „Hilf du, Sankt Anna, ich will ein monch werden." Später bekennt er, dass er in dieser Situation zum ersten Mal die schreckliche Gegenwart Gottes erlebt habe und sich von daher genötigt sah Mönch zu werden.[41] Luther hatte Sankt Anna angerufen, weil sie als Helferin in Gewitternot und vor schnellem Tod galt.

Aus dieser Erfahrung Luthers lassen sich entscheidende Kriterien für den Entschluss sein Leben zu ändern für Luther ableiten: Eine tiefe existentielle Verunsicherung zu erfahren, völlig den Boden unter den Füßen zu verlieren, eine ganz andere Macht tief in sich – im Seelengrund – zu erfahren, die bisher nie wahrgenommen wurde, die einen unbedingten Anruf und Anspruch ausdrückt. Und: Die Grenzerfahrung der Todesnähe, die Erfahrung der existentiellen Ungewissheit und Unsicherheit, provoziert existentielle Fragen, die eine Antwort verlangen, denn das Leben kann unvorhersehbar im nächsten Moment zu Ende sein.

Luther wird diese Erfahrung nicht verdrängt oder vergessen haben. Untergründig hat diese Erfahrung – so darf angenommen werden – seinen theologischen Weg weiter geprägt und begleitet.

Der Entschluss ins Kloster zu gehen, war möglicherweise auch von einer Weltflucht motiviert. So konnte er familiären wie beruflichen Problemen aus dem Weg gehen. Und er konnte sich um sein Seelenheil kümmern. Er wollte dem Gericht und der Hölle entkommen und sich das ewige Leben verdienen.[42]

Luther hatte sich bei seinem Eintritt ins Kloster zunächst auch ganz auf die Leistungsfrömmigkeit der spätmittelalterlichen Kirche eingelassen. Das Seelenheil erforderte gute Werke oder eine strenge gottgefällige Lebensführung durch Gebete, Buße und Selbstgeißelung.[43] In seiner Sorge um sein Seelenheil blieb Luther gefangen in einem beständigen Kreislauf aus Angst und Leistungszwang. »Er meditierte, betete den Rosenkranz, sang den Psalter bis zur Erschöpfung und bis ihn eine chronische Schlaflosigkeit plagte.«[44] Diese Übungen trieben ihn in die Verzweiflung, der vermeintliche Sündendruck fand auch keine Entlastung durch geradezu besessenes Beichten. Der Sündendruck trieb ihn an den Rand der Selbstzerstörung, »so dass er krank im Klosterhospital lag.«[45] Seine Erlösung fand er in einer Erfahrung, die ihm in der Meditation einer Bibelstelle widerfuhr.

Das Turmerlebnis

Luther war geprägt durch die Gewittererfahrung zu einer kompromisslosen Gottessuche motiviert. Das wird am Selbstzeugnis seiner reformatorischen Entdeckung aus der Vorrede zu den lateinischen Werken von 1545 erkennbar.

Luther war von der Frage nach der Gerechtigkeit Gottes wie sie Paulus in Römer 1,17 formulierte vollkommen durchdrungen: *Denn darin wird offenbart die Gerechtigkeit, die vor Gott gilt, welche kommt aus Glauben im Glauben.* »Ich raste mit grimmigem und verwirrtem Gewissen, bedrängte aber ungestüm an dieser Stelle Paulus, brennend dürstend, um zu wissen, was der hl. Paulus wollte. Tag und Nacht dacht ich unablässig darüber nach, bis Gott sich meiner erbarmte und ich auf den Zusammenhang der Worte achtete, nämlich: Die Gerechtigkeit Gottes wird in ihm offenbar, wie geschrieben steht: Der Gerechte lebt aus Glauben. Da fing ich an, die Gerechtigkeit Gottes als die Gerechtigkeit zu verstehen, durch die der Gerechte als durch Gottes Geschenk lebt, nämlich aus dem Glauben und begriff, dass dies der Sinn sei; ... Da fühlte ich, dass ich geradezu neugeboren und durch die geöffneten Pforten in das Paradies selbst eingetreten war.«[46] Luther hat seine Erfahrung einmal in den Satz gegossen »Gott ist ein glühender Backofen voll Liebe.«[47] Luthers reformatorisches Grunderlebnis war eine mystische Erfahrung. Mit seinem Suchen hat er für sich eine theologische Antwort gefunden, die ihm durch seine Erfahrung zu einer inneren Gewissheit geworden ist. Die Frage nach einem gnädigen Gott hat er durch diese Erfahrungen überwunden.[48] Diese Erfahrung war kein bloßer Bewusstseinsakt, sondern erfasste seine ganze Person und schloss den emotionalen Bereich mit ein. Damit legte er den Grundstein für einen Paradigmenwechsel im Glauben, weg von der mittelalterlichen Leistungsfrömmigkeit hin zu einer neuzeitlichen Gnadenfrömmigkeit.[49] Für Luther war die mystische Erfahrung mehr als die Vorwegnahme der eschatologischen Gotteserfahrung. Sie war die Bezeugung der Nähe Gottes im gegenwärtigen Leben oder sogar Ausdruck der Vergöttlichung des Menschen.[50]

K. Aland hat die Briefe von Luther eingehend studiert und kommt zu dem Schluss: »Gewiss hat Luther auch nach dem Turmerlebnis noch mit Anfechtungen zu ringen gehabt, und sie haben ihm manchmal auch schwer zu schaffen gemacht. Aber seine Berichte darüber klingen ganz anders, vor allem haben sie nicht mehr den Einschlag von Hoffnungslosigkeit und Verzweiflung wie in den Briefen bis zum 5. März 1518.«[51]

»Die reformatorische Erkenntnis wurde Luther in einem befreienden Durchbruch geschenkt.«[52] Es handelt sich dabei um einen »Durchbruch in eine neue Denk-und Existenzweise«.[53]

Luthers Verschränkung von Meditation und Glaube

Luthers Mystik kann als Glaubensmystik[54] bezeichnet werden. Der Glaube ist nicht nur der Glaube an einen anbetungswürdigen Gott, vielmehr gehört dazu die Glaubensvertiefung, welche die lebendige Erfahrung Gottes als eigene Gewissheit in sich birgt. Gott bleibt auch nach einer Gotteserfahrung das Geheimnis, das nicht wirklich erfasst werden, vor dem man nur mit Demut stehen bleiben kann und auch stehen bleiben soll. Im sogenannten Abendmahlstreit begründet er dieses Stehenbleiben vor dem verborgenen Gott (Deus absconditus) ganz im Sinne der apopathischen (negativen) Theologie des Dionysius Areopagita, den er eigentlich nicht sonderlich schätzte: Dass Gott nämlich nicht »ein solch ausgestreckt, lang, breit, dick, hoch, tief Wesen sei, sondern ein übernatürlich unerforschlich Wesen, das zugleich in einem jeglichen Körnlein ganz und gar und dennoch in allen und über allen und außer allen Kreaturen sei ... Nichts ist so klein, Gott ist kleiner, nichts ist so groß, Gott ist größer, nichts ist so kurz, Gott ist kürzer, nichts ist so lang, Gott ist länger, nichts ist so breit, Gott ist noch breiter, nichts ist so schmal, Gott ist noch schmaler und so fortan (...).«[55] E. Iserloh bestätigt den Zusammenhang von Glaube und Mystik bei Luther: »Man hat vom „sola fide“ her eine Ablehnung der Mystik durch Luther herleiten wollen. Dabei trägt der Glaube bei Luther ausgesprochen mystische Züge und wird mit einem Zentralbegriff der Mystik, mit „raptus“, umschrieben. Die Ekstase beschreibt Luther als „sensus fidei“ und als „das Hineingerissensein (raptus) des Geistes in die klare Erkenntnis des Glaubens“«.[56] Glauben heißt für Luther »Christus anziehen, eins mit ihm werden und alles mit ihm gemeinsam haben«.[57] Auch gegen Ende seines Lebens hat Luther den Glauben immer noch »als „Erkennen“ im Sinne einer mystischen Liebesvereinigung«[58] charakterisiert. »Der historische Glaube sagt zwar auch: Ich glaube, dass Christus gelitten hat, und zwar auch für mich, aber er fügt nicht diese sensitive und experimentale Erkenntnis hinzu. Der wahre Glaube aber statuiert dieses: Mein Geliebter ist mein, und ich ergreife ihn mit Freude.«[59] Der Glaube wird so selbst zum Vehikel der Einung zwischen Gott und Mensch. Die cognitio experimentalis ist ein erkennendes Erfahren Gottes. Was bisher eine Glaubenshoffnung aus Vertrauen war, wird nun zur Glaubensgewissheit. Damit kann sich der Glaubende, wenn wieder Zweifel auftreten, zweifach versichern: Einmal aus glaubendem Vertrauen heraus, zum anderen von der eigenen erfahrenen Glaubensgewissheit her.[60] Denn der Mensch bleibt immer Anfänger im Glauben, da er im Alltag beides im Lebensvollzug zugleich ist: Simulus iustus et peccator;[61] getrennt und nichtgetrennt von Gott.

Luther spricht sich deutlich für eine existentielle, *erfahrene* Theologie aus, doch er warnt auch intensiv davor, die eigene Erfahrung als letzte Instanz zu anzusehen.[62] Luther betont deshalb immer wieder, die eigene Erfahrung kritisch zu hinterfragen. Er möchte klarmachen, dass die Beurteilung von spirituellen Erfahrungen nicht von Irrtümern frei und deshalb für die Grundlegung einer Theologie ungeeignet ist. Für ihn ist es der Glaube, der die Erfahrung transzendiert und korrigiert.[63] Das Wort wird durchaus in seiner Wirkung auf das Gefühl erfasst, deshalb ist Luther diese auf das Gefühl bezogene Erfahrung wichtig. Doch er fordert, dass sich das menschliche Herz wieder davon trennen muss, um zu einem Glauben zu finden, der nicht mehr auf das Gefühl angewiesen ist, sondern zu einem Glauben wird, der ohne und gegen die Erfahrung lebendig bleibt. Damit wird Glaube zu einer Erfahrung höherer Ordnung.[64] »Die Zustimmung des Glaubens zu Gottes Wort wird weitergeführt in eine Tiefenerfahrung, die ihre Gültigkeit gegen alle äußeren Umstände erweist und in der sich die Zustimmung zu Gotts Wort bewährt.«[65]

Luthers Meditationsverständnis

Luthers Meditationsverständnis ist von den älteren Traditionen geprägt, er kennt aber auch die Devotio moderna[66]. Er meditiert mehr als alles andere die Bibel, vor allem die Psalmen.[67] Die Aufforderung zur Meditation fand er in Psalm 1, 2: »Sondern Lust hat am Gesetz des Herrn und sinnt über dem Gesetz Tag und Nacht«. Im Kommentar dazu schreibt Luther: »Meditieren heißt ernst und sorgfältig denken, eigentlich im Herzen wiederkäuen. Meditieren ist gleichsam *in medio agitare* d.h. in der Mitte verweilen oder von der Mitte und dem Innersten bewegt werden.«[68] Luther leitet meditieren von medium, die Mitte, ab. Meditieren ist für ihn ein betendes Sichmühen um das rechte Verständnis des Textes, wobei die meditative Erkenntnis ein Vorgang der sich plötzlich ereignenden Erfahrung ist. Diese Plötzlichkeit des Ereignisses weist auf eine Tätigkeit des Heiligen Geistes hin.[69] Luther bezieht sich dabei auf die Schrift *De mystica Theologia* von Gerson.[70] Für Luther geht die Meditation vom Innersten des Menschen aus.[71] Das Ziel des Meditierens ist die Begegnung mit Gott.[72]

Luther betont: »Zum anderen sollst du meditieren, das ist: Nicht allein im Herzen[73] sondern auch äußerlich die mündliche Rede und geschriebenen Worte im Buch immer treiben und reiben, lesen und wiederlesen, mit fleißigem Aufmerken und Nachdenken, was der Heilige Geist damit meint. Und hüte dich, dass du nicht überdrüssig werdest oder denkst, du habest es ein Mal oder zwei genug gelesen, gehört und gesagt und verstehst alles bis auf den Grund [der Grund = Gott]. Denn daraus wird nimmermehr ein sonderlicher Theologe.«[74] Durch die Meditation des Wort Gottes müssen wir »alle ein Kuchen werden mit Christus.«[75]

In der Meditation geht es bei diesen Aussagen Luthers um *Gott,* wie er von uns Menschen erfahrbar *ist, sich* erfahren *lässt, sich* uns in der Erfahrung *schenkt,* oder: Wie sich Gott im Menschen zur Erfahrung bringt. Für beide Bereiche kann Luthers Aussage beansprucht werden: »Sola autem experientia facit theologum.«[76] (Allein die Erfahrung macht den Theologen.)

Formen der Meditation bei Luther

Welche Formen des Meditierens Luther im Augustinerkloster in Erfurt erlernt hat, ist nicht mit Sicherheit zu rekonstruieren. Es ist anzunehmen, dass Luther in den ersten Klosterjahren »vom breiten Strom mittelalterlichen Meditierens erfasst wurde«[77], von daher nach überlieferten Anleitungen meditieren lernte, in seinen Anfangszeiten auch das mystische »Anliegen der ekstatischen Erhebung zu Gott teilte«[78] und Erfahrungen in dieser Richtung gemacht hat. In die Meditation eingeführt wurde er von J. Greffenstein, seinem Novizenmeister. Über Inhalte dieser Begleitung ist jedoch nichts bekannt.[79]

Da Luther unter der Obhut von J. v. Staupitz stand und dieser von der Devotio moderna beeinflusst war, kann man annehmen, dass Luther die Meditationsanweisungen im *Rosetum des Johannes Mauburnus* zumindest gekannt hat. Er zitiert sie in seiner Psalmenvorlesung an zwei Stellen.[80]

Im Erfurter Kloster wurde morgens zwischen 7 Uhr und 12 Uhr etwa vier Stunden meditiert, der bevorzugte Ort war die Klosterzelle, daneben auch der Kreuzgang.[81] Inhalt der Meditation war üblicherweise ein biblischer Text. Als Körperhaltungen gibt Luther das Knien und Stehen an, dazu kommen Erheben und Ausbreiten der Hände, das Erheben der Augen zum Himmel und das Kreuzzeichen.[82] Er hat in der Regel seine Meditationen laut gesprochen (wiedergekaut).

Die Formen seiner Meditationen waren Bußmeditationen, Passionsmeditationen und die Schriftmeditation.

Luthers Meditationsschema

Luther hat die mittelalterliche Stufung lectio – meditatio – oratio – contemplatio verkürzt und umgestellt: Oratio – meditatio/ruminatio – tentatio.

Im Gebet (oratio) geht es für ihn um ein vorausgehendes Bitten, um Erleuchtung durch den Heiligen Geist. Den Schritt der Textlesung (lectio) hat Luther in die meditatio integriert, da für ihn die Schrift selbst zu einer mystischen Größe geworden war.[83] Durch vielfaches Wiederholen, das Wiederkäuen (ruminatio), der Textstellen soll es durch das Wirken des Heiligen Geistes zu einem tieferen Verständnis Gottes kommen. Mit der Rede von der ruminatio will Luther auch die körperliche Verbundenheit und das affektive Geschehen beim

Meditationsvorgang betonen.[84] Für ihn geht die Seele in der Meditation schwanger mit dem Samen des Wortes Gottes bis die Frucht kommt.[85]

Die tentatio wird als Bedingung dafür angesehen, dass Gottes Wort erfahren werden kann. »Erfahrung meint dabei ein Ergriffensein des ganzen Menschen vom Gegenstand der Meditation, das über den Bereich bloßen Wissens und Verstehens weit hinausgeht ... In der Anfechtung wird der ganze Mensch, d.h. der Mensch mit Intellekt und Affekt, ergriffen, mehr noch: angegriffen, und in eben dieser existenzbedrohenden Situation erreicht und berührt ihn das Wort Gottes. Das ist für Luther religiöse Erfahrung – Erfahrung sozusagen sub contrario.«[86] (Erfahrung unter dem Gegenteil) Luther hat mit der Einführung der tentatio die geistliche Übung des Mittelalters radikal umgewertet. [87] Die Erfahrung der Abwesenheit Gottes im zwiespältigen Alltag führt zu einem vollständigen Verlust aller Sicherheit, der Mensch wird zu einem Nichts. Der Eigenwille stirbt mit dem Ich, in diesem Moment erweist sich Gott als der Nahe Gott. Das Ziel der Meditation ist in der Anfechtung die Erfahrung Gottes.[88] Weil dies wirklich selten geschieht, kann Luther sagen, der wirkliche Christ sei ein »rara in terris avis«, ein seltener Vogel auf Erden.[89]

Bei der von Luther vorgenommenen Verkürzung der traditionellen Schrittfolge der Meditation fällt auf, dass die contemplatio fehlt. Luther sie jedoch als Moment der Erfahrung Gottes in der Situation der Anfechtung[90] (tentatio), in der Situation des tiefsten Zweifels verortet.[91]

Die selbstverständliche Qualität der Stille wird im Meditationsschema nicht erwähnt. In einer Weihnachtspredigt weist Luther jedoch explizit darauf hin: »so gehe hin, da du stille seyest.« Und in der Psalmenauslegung zu Psalm 65 Vers 2 »Gott, man lobt dich in der Stille zu Zion« betont Luther, dass die Stille das Tor zu *Entrückung und Ekstase* ist.[92]

Beispiele der Weitergabe der Meditation im Katechismus, in Schriften und in der Predigt

Bezogen auf die *Katechismusmeditation* betont Luther, dass er selbst diese Texte täglich Wort für Wort spreche. Für die Psalmen hält er es für nützlich »einen Psalmvers einen Tag oder gar eine Woche lang zu meditieren.«[93] In der Schrift *Eine einfältige Weise zu beten für einen guten Freund [Meister Peter]* geht es »auch um eine Kopf und Herz des Menschen umfassende Erfahrung«.[94] Luther vereinfacht noch einmal die Meditationsschritte für den Alltag. Er will damit »den Menschen von seiner Unlust zu einem aufrichtigen Beten und Meditieren« führen. Diese Übung soll bewirken, dass das Herz des Menschen »warm und zum Beten „lüstig" wird, dass es zu sich selbst kommt, dass es ledig wird von fremden Geschäften und Gedanken, dass es in Einklang mit Gottes Wort gebracht wird.«[95] Er nennt das Schema das vierfache Kränzlein: Lehre – Danksagung – Beichte – Gebet. Die Lehre dient dazu, dass ich all mein Vertrauen auf Gott setze. In der Danksagung bedanke ich mich für die Zuwendung Gottes zu mir. In der Beichte bekenne ich meine Fehler, und Bitte um Gnade und Vergebung. Im Gebet bitte ich um wachsende Einsicht und die Kraft zu einem dementsprechenden Handeln.[96] Diese Form der Meditation richtet Luther sowohl an die Pfarrer als auch an alle Christen und empfiehlt sie zur regelmäßigen Praxis.[97] Damit löst Luther die Meditation aus dem klösterlichen Kontext heraus als ein Anliegen für jedermann. Für Luther gehören Meditation und die damit verbundene religiöse Erfahrung zum Glaubensleben und zu einer sachgemäßen Auslegung der Heiligen Schrift.[98] Das heutige Bestreben, den Glauben durch zeitgemäße spirituelle Übungen zu vertiefen, kann sich von daher in der Tradition von Luther stehend und motiviert sehen.

Vermittlung der Meditation durch die Predigt

Ausdrücklich empfahl Luther in einer Weihnachtspredigt den Weg der Stille als einen Weg zu Gott: »Das Evangelium ist so klar, dass es nicht viel Auslegens bedarf, sondern es will nur wohl betrachtet werden, angesehen und tief zu Herzen genommen sein.[99] Und wird niemand mehr Nutzen davon bringen, denn die ihre Herzen still halten, alle Dinge ausschlagen, und mit Fleiß drein sehen. Gleichwie die Sonn in einem stillen Wasser gar eben sich sehen lässet und kräftig wärmet, die im rauschenden und lauffenden Wasser nicht also gesehen werden mag, auch nicht also wärmen kann. Darum willst du hier auch erleuchtet und warm werden, göttliche Gnade und Wunder sehen, dass dein Herz entbrannt, erleuchtet, andächtig und fröhlich werde; so gehe hin, da du stille seyest, und das Bild dir tief ins Herze lassest, da wirst du finden Wunder über Wunder.«[100]

B. Hägglund zitiert zum Vergleich eine Predigtstelle von J. Tauler: »Wenn man zur Sommerzeit ein Becken mit Wasser in die Sonne stellt und auf dem Boden des Beckens einen Spiegel legt, so leuchtet die ganze Sonne im Spiegel, obwohl die Sonne unvergleichlich viel größer ist als der Spiegel, so spiegelt sich das Licht Gottes im Grunde der Seele. Aber wenn etwas dazwischen kommt – ein irdisches Interesse, das die Seele vom Grunde abkehrt –, so wird das Licht verdunkelt und spiegelt sich im Seelengrund nicht mehr«.[101] So gilt: Nur wenn der Grund „bereitet wird“ und nur wenn nichts Hinderndes im Wege steht, kann das göttliche Licht sich im Grunde widerspiegeln. Der Grund der Seele ist bei J. Tauler Gott selbst, der Seelengrund ist die Wohnstätte Gottes im Menschen. »Der Seelengrund ist der Punkt, an dem der Mensch mit Gott in Berührung steht.«[102] Bei der höchsten Vereinigung wird Gott mit dem Menschen im Innersten der Seele identisch.[103]

Weitergabe der Mystischen Erfahrung in der Schrift: „Die Freiheit eines Christenmenschen“

1520 formuliert Luther die Rechtfertigungslehre in seinem Traktat „*Von der Freiheit eines Christenmenschen*“. Durch den fröhlichen Wechsel ist der Christ „Sünder und gerecht zugleich“. Auf Grund der bestehenden Selbstliebe bleibt er Sünder, durch die Gerechtigkeit ist der Sünder gleichzeitig gerechtfertigt. Diese Deutung des Glaubenden zeigt Luthers Nähe zur Mystik. Seine rechtfertigungstheologische Entdeckung ist ganz in der Sprache der mittelalterlichen Brautmystik formuliert. Der Glaube vereinigt »die Seele mit Christo wie eine Braut mit ihrem Bräutigam«. Daraus folgt eine Ehe, wo »Christus und die Seele ein Leib werden«.[104] Den seligen Tausch zwischen Christus und dem Christen hat Luther an vielen Stellen in seinen Werken beschrieben. Immer jedoch wird die auch für mystische Frömmigkeit zentrale Einheit zwischen Christus und dem Christen durch den Glauben bewirkt.

Bei J. Tauler und in der *Theologia Deutsch* hat Luther die Sprache und die Muster gefunden, mit der er die Situation der Doppelexistenz des Menschen beschreiben kann. »Die Seele ist angespannt unter dem Seufzen über die Lasten und Sünden der Kreatur, und sie ist entrückt im Erlebnis der beglückenden Einung mit Gott.«[105] Bezogen auf den Menschen als Person vor Gott bedeutet das: Der Christenmensch[106] ist nach seinem geistlichen, inneren Menschen im Glauben »ein freier Herr über alle Dinge und niemand untertan«, aber nach seinem äußeren, leiblichen Menschen in der Liebe »ein dienstbarer Knecht allen Dingen und Jedermann untertan.«[107] Die Freiheit des Menschen ist eine Freiheit des homo spiritualis, d.h. der Mensch hat seine Freiheit in der Partizipation des Glaubens an der Freiheit Gottes extra se.[108]

4.

Stellung der Mystik in der Theologie nach Luther

In der Traditionslinie der evangelischen Theologie wurde spätestens seit der lutherischen Orthodoxie der Bereich der spirituellen Erfahrung aus dogmatischen Gründen ausgeblendet. Der »Glaube wurde primär mit dem Fürwahrhalten von Glaubenswahrheiten identifiziert.«[109] Der Boden des Glaubens wurde für evangelische Christen allein die Rechtfertigungslehre. Gott kommt von außen, *extra nos,* zum Menschen. Gottes Geist ist an das äußere Wort der Predigt gebunden und ist unabhängig vom »Wort« nicht zu haben. Damit bleibt der Glaube auf den gedachten Glauben fixiert. Seither hatten es Mystiker im Luthertum immer schwer. S. Franck (1499-1542) und J. Böhme (1575-1624) blieben kirchlich gesehen Randgestalten.

Erst der *Pietismus*, der persönliche Bekehrung und ein geheiligtes, praktisches Christentum anstrebte, entdeckte mystische Quellen neu und nahm eine positive Stellung gegenüber der Mystik ein.

Das wird am deutlichsten an dem Liederdichter G. Tersteegen (1697-1769). Er greift die Lehre von J. Tauler wieder auf, dass das göttliche Wort im Seelengrund geboren wird. Die Gotteserkenntnis ist für G. Tersteegen nicht mit der Vernunft möglich[110], die göttliche Erleuchtung wirkt Gott im Herzen, in der Seele.[111] In seinem *Kurzen Bericht von der Mystik* unterscheidet G. Teerstegen einen weitläufigeren und engeren Sinn: »Im ersten Verstand ist es nichts anderes, als die praktische Theologie«; im engeren Sinn gehört zur Mystik die »Erleuchtung« und ferner gehört »das Wandeln in der Gegenwart Gottes« dazu.[112]

Was ein Mystiker ist, kann nicht wirklich erklärt werden, man muss selbst zum Mystiker werden wie Paulus und die Mystiker nach ihm.[113] Die Erfahrungserkenntnis ist für G. Teerstegen an keine Konfession gebunden.[114] Für ihn ist die »Übung der Gegenwart Gottes« einmal das »betrachtende Gebet« und das »Herzensgebet«.[115] Aus seinen Aufzeichnungen wird klar, dass das mystische Gebet nicht zu einem Leben in ständigem Enthusiasmus führt, sondern auch Zeiten geistlicher Dunkelheit beinhaltet, die es durchzuhalten gilt.[116] In einem Brief gibt er seine eigenen Erfahrungen mutmachend weiter, wenn er schreibt: »Wer im Finstern wandelt, meynt bald diß bald jenes zu sehen ... So bist du jetzt auch im Finstern, darum traue allen fürchterlichen Vorstellungen nicht, ... Unser Gott ist auch im Finstern nahe«.[117]

In der sogenannten Aufklärung, die nur noch die Vernunft gelten ließ, geriet die Mystik in Vergessenheit. Bei F. Schleiermacher (1768-1834) finden sich mystische Aussagen. Für ihn muss Religion aus dem Inneren hervorgehen.[118] Zentral für ihn ist die Erfahrung des geheimnisvollen Augenblicks bevor Anschauung und Gefühl sich trennen.[119] Seine zweite Rede über die Religion schließt er ab mit einem Gedanken über die Bewältigung der Aufgabe das Problem der Unsterblichkeit zu lösen. Es geht ihm darum »mitten in der Endlichkeit eins (zu) werden mit dem Unendlichen und ewig (zu) sein in einem Augenblick«.[120] Das ist für ihn die Erfahrung der Ewigkeit.

Bedeutende Vertreter der liberalen Theologie, A. v. Harnack (1851-1930) und die Theologen aus der Schule A. Ritschels (1822-1889) verfochten in der zweiten Hälfte des 19. Jahrhunderts die Unvereinbarkeit mystischer Gedanken und Erfahrungen mit dem evangelischen Glauben. Erst im 20. Jahrhunderts beginnt mit A. Schweitzer (1875-1965) eine Rückbesinnung auf die Tradition der Mystik. Er beschreibt Paulus als Mystiker mit Hilfe der Formel des *In-Christus-Seins.*[121] Aus ethischer Sicht hat er mit seiner Formel von der *Ehrfurcht vor dem Leben*[122] einen Zugang zur Mystik beschrieben. Auch P. Tillich (1886-1965) sieht aus systematisch-theologischer Sicht die Mystik in einer wichtigen Funktion für die Theologie. D. Bonhoeffer (1906-1945) schreibt in *Widerstand und Ergebung*, dass ihm anhand des Liedes *Ich steh an deiner Krippe hier* die Berechtigung mystischer Frömmigkeit aufgegangen sei. Er bemerkt dazu:»Ein kleinwenig mönchisch-mystisch ist es, aber doch gerade nur so viel, wie es berechtigt ist«.[123]

Nach dem Zweiten Weltkrieg kam es im Rahmen der evangelischen Theologie zunächst zögernd und seit dem Ende der Sechzigerjahre verstärkt zu einer Neubewertung der Mystik. J. Moltmann (geb. 1926) skizzierte 1979 eine *Theologie der mystischen Erfahrung.* Er betont, die mystische Theologie ist nicht als Theologie mystisch, sondern darin, »dass sie mystische Erfahrung zur Sprache bringen will.«[124] Der Einfluss von K. Dürckheim (1896-1988)[125], Pater H. M. Enomiya-Lassalle (1898-1990)[126] und in jüngerer Zeit des Zen- und Kontemplationslehrers W. Jäger (geb. 1925)[127] auf evangelische Christen ist sicher nicht zu unterschätzen. Erst seit ein paar Jahren wendet sich das Blatt. J. Zink[128] (1922-2016) entwickelt mit dem Bild des *inneren* Weges Schritte der Meditation mit dem Hinweis, dass unser Glaube eines mystischen Hintergrundes bedarf um auf Dauer lebendig bleiben zu können. D. Sölle (1929-2003)[129] plädiert leidenschaftlich für eine neue evangelische Mystik, in der sich Kontemplation und Engagement für eine gerechtere Welt verbinden. Für sie ist *Du stilles Geschrei* zu einem Namen Gottes geworden. Mystik ist für sie die Erfahrung der Einheit und der Ganzheit des Lebens.[130]

Entwicklung einer zeitgemäßen Form der Spiritualität

Zunächst wird ein Paradigmenwechsel von der Mystik zum modernen Begriff der Spiritualität vollzogen. Wie Luther die ihm vorliegende Meditationstradition durch eine Änderung der Meditationsstufen seiner Theologie angepasst hat, so wird auch für heutige Glaubensbedingungen im Folgenden Luthers Stufenfolge verändert und interpretiert. Wobei das Ziel gleichbleibt: Durch spirituelle Erfahrungen den Glauben zu vertiefen. Luthers Grundverständnis der Meditation *als von der Mitte und dem Innersten bewegt werden* wird übernommen, wobei die Mitte, bzw. das Innerste als Gott selbst verstanden wird. Wie bei Luther ist die Stille ein wichtiges Momentum der Meditation. Stille sein bedeutet für ihn *Sabbath halten im Geist.*[131] Die Stille steht heute besonders im Zentrum der Spiritualität: Sie ist der Erfahrungsraum für das Göttliche, für den Urgrund allen Seins. Die Stille ist der Ort der Ruhe, des Friedens und der Geborgenheit. Die Tiefe der Stille kann nicht ausgelotet werden, sie ist grenzenlos. Die Stille ist letztendlich eine Chiffre für Gott, für den Grund des Seins.

1.

Von der Mystik zur Spiritualität

Luther hat die mystische Tradition seiner Zeit aufgenommen. Die Mystik war ausgerichtet auf die Erfahrung Gottes (unio mystica). Luther hat meditiert und selbst mystische Erfahrungen gemacht. Die Form der Meditation war gegenständlich; die Inhalte waren Texte, Psalmen, Gebete. Die Methode bestand in der Ruminatio eines Textes, die in einer mystischen Erfahrung münden konnte. Er hat das traditionelle Meditations-Schema umgestellt und die Ebene der mystischen Erfahrungen in den Glaubensbegriff integriert. In der Form des Katechismus, des vierfachen Kränzleins und in seinen Predigten (Bsp.: „Weihnachtspredigt") hat er seine Anweisungen zur Meditation weitergegeben. Somit gehört die Meditation für Luther zur Glaubenspraxis.

Während für Luther im Rahmen der Mystik Meditation immer auf religiöse Erfahrungen zielte, wird hier ein Begriff der Spiritualität eingeführt, der zunächst weltanschaulich offen ist. Damit wird die spirituelle Erfahrung zu einer Schnittstelle für unterschiedliche Interpretationen und erlaubt eine wissenschaftliche Begründung der Meditation.

Die offene Form der Spiritualität ermöglicht es auch Menschen, die dem oder ihrem christlichen Glauben kritisch gegenüberstehen, über den Erfahrungsweg ein neues Glaubensverständnis zu erhalten.

Mit dem Begriff Spiritualität (von lat. *Spiritus*: Geist, Atem, bzw. gr. ψυχή: Geist, Seele, Hauch) wird allgemein eine Lebenshaltung beschrieben, die versucht, Antworten auf die

Fragen nach Leben und Tod, dem Sinn des Lebens und nach einem letzten Grund des Ganzen mit Hilfe eines Übungsweges zu lösen. Das Ziel der Spiritualität ist es, eine geistige Verbindung zum Transzendenten, zum Urgrund des Seins oder im christlichen Sinn zu Gott, zu erreichen. Methodisch geht es um eine nicht gegenständliche Form der Meditation.

Die Meditation steht im Gesamtzusammenhang des Glaubens und des Alltaglebens und dient nicht nur isoliert als Ergänzung zum Glauben oder als Übung für die eigene Gesundheit.

Der Mensch steht heute vor seinem eigenen selbst zu verantwortenden Leben, in dem er sich als weitgehend autonom wahrnimmt. Diese selbstbezogene Haltung beinhaltet eigene Schwierigkeiten. Das wird deutlich an der Frage: Wozu soll ich leben? Erlebt wird in der Postmoderne von vielen Menschen eine nicht gekannte Ungeborgenheit in der Welt, eine Sinnleere des Lebens verbunden mit Orientierungslosigkeit in der Welt sowie eine Wert- und Würdelosigkeit der eigenen Person.

Der postmoderne Mensch sehnt sich deshalb nach Ganzheit, Gelassenheit, Gewissheit, Orientierung, nach Werten und verbindlicher Ethik, nach Eigenzeit und Beziehung, nach Selbstwirksamkeit, Bedeutung und Kreativität, nach Lebensfreude und Zufriedenheit, nach Individualität und Autonomie zusammen mit Beziehung, Gemeinschaft und Zugehörigkeit.

Vielen Menschen genügt es nicht mehr Glauben mit einem Fürwahrhalten von Inhalten gleichzusetzen, es bedarf der Bestätigung durch innere Erfahrungen.[132] Gesucht ist die Erfahrung einer tragenden Geborgenheit in Gott, die im Leben gilt wie im Sterben.[133] Der Mensch möchte aus seinem Urvertrauen heraus in Beziehung mit Gott sein.[134] Es geht um ein Bleiben in Gott.[135]

Existentielle Not verbunden mit spiritueller Sehnsucht führen zu einer Suche nach Antworten, die mit bestätigenden Erfahrungen verbunden sind. Jeder Mensch muss sich selbst dieser Aufgabe stellen.

Der spirituelle Übungsweg ist dafür ein Angebot. Wie für Luther damals, so ist die Meditation auch heute eine wichtige *methodische* Stütze für die Glaubensentwicklung. Da sich Glaubens- und Lebensvorstellungen heute verändert haben, ist es angemessen und erforderlich, Form und Inhalt der Meditation zeitgemäß anzupassen.

2.

Entwicklung eines zeitgemäßen Meditationsschemas

Aus heutiger Sicht ist der Aufbau eines Meditationsweges neu zu konzipieren, da sich die Grundsituation des Menschen nicht nur gesellschaftlich verändert hat, sondern auch vor Gott selbst.

Heute würde eine Gewittererfahrung, wie sie Luther widerfuhr, nicht die Angst vor einem strafenden Gott auslösen und in die Unsicherheit stürzen, ob man im Endgericht Gnade erfahren würde. Es werden in einer Krisensituation eher *Sinn*fragen ausgelöst: Was ist der Sinn des Lebens? Weshalb soll ich überhaupt leben? Wer bin ich? Oder es wird die Frage nach Gott überhaupt gestellt: Wenn es ihn gibt, wo und was ist er dann?

Der Mensch erlebt sich zwar als getrennt von Gott[136]. Aber er fühlt sich ihm gegenüber nicht als Sünder im moralischen Sinn, der sich reinigen und Buße tun muss, um Erleuchtung zu erlangen. Der moderne Mensch setzt sich vielmehr mit seiner Psyche und seinem eigenen Schatten auseinander; es geht heute weniger um die Rettung der Seele für die Zeit nach dem Tod, sondern um die Gotteserfahrung als Erfahrung des inneren Friedens und der Geborgenheit im Urgrund des Lebens, also um das Erleben der Ewigkeit in der Gegenwart.

Die *Beziehung* zu Gott und das *Bild* von Gott hat sich verändert. Gott ist heute kaum noch der strafende Richter, er ist auch weniger der liebende Vater. Gott ist eher ein *Begleiter* auf dem Weg durchs Leben. Er wird auch als Lebens-Kraft, als Lebens-Energie beschrieben, in besonderer Weise als Ort des Friedens, der Geborgenheit und Liebe.[137] Diese Sichtweisen ermöglichen einen unmittelbareren Zugang zu Gott. Das *Gesicht* Gottes wird im Sinne des per sonare (klingt durch) sowohl *personal* wie *apersonal* angesprochen.

Man will eher durch Erfahrung wissen, ob es Gott überhaupt gibt, bzw. *was* das ist, das die Überlieferung *Gott* nennt. Es geht nicht nur um eine *objektive* Antwort, dass es Gott gibt, vielmehr geht es um die *subjektive* Erfahrung, *wie* Gott ist. Die Einheitserfahrung mit dem Urgrund schenkt die Erfahrungsgewissheit im Wesen mit Gott geeint zu sein. Damit ist eine weitere Frage beantwortet: Wer und was der Mensch seinem Wesen nach ist. Er ist Ebenbild Gottes.

Geändert haben sich weitgehend auch die Inhalte und Weisen der Erfahrung. Es sind nicht mehr nur Auditionen, Visionen oder Elevationen, es sind vielmehr nüchterne Einheitserfahrungen in Alltagssituationen, die als Erfahrung von Frieden, Freiheit und Geborgenheit in Gott, als Eins mit Gott interpretiert werden. Diese Erfahrungen vermitteln die Gewissheit der Gegenwart Gottes im eigenen Leben. Der Glaubende mit spiritueller Erfahrung weiß nicht mehr als der rational Glaubende, der die biblischen Zusagen als wahr glaubt. Der Erfahrungswissende weiß es nur anders – aus eigener Erfahrung. Er weiß, dass die Aussagen über Gott und die Glaubenszusagen wahr sind: Gott ist für ihn nicht nur ein zu glaubender Begriff mit vorgegebenen Inhalten, sondern wird neu durch eigene Erfahrungsinhalte mitbestimmt. Der spirituell Erfahrene kann den biblischen Aussagen neu zustimmen: Gott ist der Schöpfer von allem, Gott ist in mir wie ich in Gott bin. Ich bin Teil dieser Einheit von Gott, Mensch und Welt. Es gibt die Gewissheit: Gott, Mensch, Welt sind eine ungeschiedene und ungetrennte Einheit.

Das Ziel des spirituellen Weges ist etwas ganz Einfaches, nämlich die Realität anzuerkennen wie sie von sich her ist und das zu tun, was zu tun ist. Letztes Ziel der Meditation ist nicht in einer Einheitserfahrung weltabgehoben zu leben, sondern das Ziel besteht darin, zu den alltäglichen Aufgaben zurückzukehren und diese so gut, wie es gerade möglich ist, zu bewältigen.

Durch diese veränderte Sicht- und Erlebnisweise hat sich die Stufung der geistlichen Übung eher idealtypisch umgekehrt. Die Stufe der Kontemplation ist in den Begriff Meditation aufgenommen. Meditation ist keine Textmeditation mehr, sie ist zur Stufe der gegenstandsfreien Kontemplation geworden. Kontemplative Erfahrungen können die Wirkung haben, dass sich Menschen wieder mit der biblischen Überlieferung beschäftigen und sich dann mit ihrem Erfahrungsglauben in den biblischen Texten wiederfinden (lectio divina) und dann auch zum wörtlichen Gebet zurückfinden.

Die hier vorgestellten Überlegungen versuchen den Weg der Meditation verständlich und nachvollziehbar zu machen. Sie wollen Menschen mit anderen Glaubensvorstellungen *nicht* von einer Notwendigkeit der Meditation überzeugen. Das Angebot eines spirituellen Weges ist für Menschen gedacht, die eine persönliche Motivation dafür haben. Es ist der Versuch, in einem Diskurs verständlich zu machen, dass Meditation eine wichtige Ergänzung für das Glaubensleben unserer Zeit ist.

Mit der Entwicklung dieses Modells schlage ich eine Klärung des Begriffs Meditation vor. Mir ist wichtig Anschluss an die Tradition zu halten und gleichzeitig Freiheit für Veränderungen zu haben. Schnittstelle für Veränderungen ist das von Luther geprägte Meditationsschema: Oratio – meditatio/ruminatio – tentatio.

Für die heutige Glaubenssituation vieler Menschen wird folgendes Meditationsschema vorgeschlagen: Tentatio – [oratio] – meditatio – contemplatio – implicatio. Dies soll nun ausführlich begründet und erläutert werden:

Tentatio – existentielle Spannung

Der Mensch steht in der zweifachen Grundspannung, ob es Gott überhaupt gibt oder nicht, ob er bereit ist, sein Ich etwas Höherem nachzuordnen, von dem er abhängig und somit in seiner Autonomie eingeschränkt ist, und er ist mit der existentiellen Frage nach dem Sinn des Lebens konfrontiert. Insofern ist Anfechtung wie bei Luther eine Grunderfahrung des Menschseins heute, nicht als Zielrichtung, vielmehr als Ausgangspunkt.

Daraus kann die Suchbewegung entstehen, die den Menschen zu spirituellen Fragen führt. Lässt er sich auf einen Weg des Suchens, Prüfens und Erfahrens ein, kann Meditation zu einer Grundlage für den Glauben aufgrund eigener Erfahrungen werden.

Oratio – wörtliches Gebet

Das wörtliche Gebet kann als erste Form der Sammlung, als persönliche Zwiesprache mit Gott dienen, um dann in die Stille einzutreten.

Beispielhaft hat S. Kierkegaard in der kurzen Schrift[138] *Die Lilien auf dem Felde und der Vogel im Himmel* auf diese Verknüpfung hingewiesen: Wenn einem Betenden eine Sache am Herzen lag, die er unbedingt vor Gott bringen wollte, um sich verständlich zu machen, aber Angst hatte, er könnte etwas vergessen haben; wenn er seinen Sinn darauf sammelte und wenn er innerlich betete, was widerfuhr ihm dann? »Etwas Wunderbares widerfuhr ihm; allmählich, wie er innerlicher und innerlicher wurde im Gebet, hatte er weniger und weniger zu sagen, und zuletzt verstummte er ganz. Er ward stumm, ja, was dem Reden vielleicht noch mehr entgegengesetzt ist als das Schweigen, er ward ein Hörender. Er hatte gemeint, beten sei reden; er lernte: beten ist nicht bloß schweigen, sondern ist hören. Und so ist es denn auch; beten heißt nicht, sich selber reden hören, sondern heißt dahin kommen, dass man schweigt, und im Schweigen verharren, und harren bis der Betende Gott hört.«[139] Für den Einzelnen bleibt der Zugang zum Gebet der Stille über das wörtliche Gebet offen.

Meditatio – Einübung in die Stille

Luther stellte die Schrift für sich mit der Formel *sola scriptura* in das Zentrum des Glaubens, er las die Bibel existentiell.[140] Für ihn war Meditation ein betendes Sichbemühen um das rechte Textverständnis. Die meditative Erkenntnis ist dabei ein Vorgang der sich plötzlich ereignenden Erfahrung. Methodisch wird ein Text in der Stille immer wieder betrachtend wiederholt. Die Seele geht in der Meditation schwanger mit dem Samen Gottes bis sie Frucht bringt.

Die Bedeutung der *Schrift*, wie sie Luther betont, hat sich weitgehend reduziert auf das Meditieren von einzelnen Bibelworten (Jesus, Gott, Friede, Liebe, Stille ...).

Methodisch gibt es heute zwei grundlegende Formen der gegenstandsfreien Meditation. Die *Bewusstseinsfokusierung* versucht mit Hilfe des Atems mit einem begleitenden Wort, wie gerade beschrieben, die Stille zu vertiefen. Die Form der *Bewusstseinsentleerung* führt durch das bloße offene Wahrnehmen dessen, was gerade ist, zu einem Schauen in das *nackte* Sein, in die eigentlich kontemplative Erfahrung.

Die Meditation als Übung dient der Vorbereitung für die eigentliche Tiefenerfahrung, die als Wesenserfahrung, als Erfahrung des Urgrundes oder als Erfahrung Gottes benannt werden kann.

Contemplatio – Wahrnehmung des Eins-Seins

Auf der Grundlage der Kategorien des Erlebens Getrennt/Ungetrennt, Vielheit/Einheit ist der Mensch aus der Sicht Gottes bleibend ungetrennt von ihm und integriert in der Einheit mit ihm. Diese Grundsituation des Menschen bildet sich in der Einheitserfahrung ab. Für diese Augenblickserfahrung soll der Mensch durch sein Meditieren vorbereitet werden.

In der christlichen Tradition war die Kontemplation, das gegenstandsfrei Beten, das reine Schauen. Die eigentliche Kontemplation ist der Moment der Gottesschau (unio mystica), der Wesenserfahrung, des Schauens in den Urgrund allen Seins. Der Moment der Erfahrung der Einheit ist wahrnehmbar als die Fülle des Augenblicks, als Geborgenheit in Gott, als ewiger Frieden. Eine tiefe unendliche Freiheit wird erfahren und *Gott* zur Gewissheit. Die Tiefe der Erfahrung kann nicht wirklich in Worte gefasst werden. Gott bleibt Geheimnis. Danach beginnt die mühevolle Arbeit, sich wieder von dieser Erfahrung zu lösen, und die Aufgabe, diese Erfahrung in den Alltag zu integrieren (implicatio).

Implicatio – Alltag als Übung

Die Integration der Einheits-Erfahrung in die eigene Person und die Verwirklichung dieser Lebensgrundhaltung im Alltag ist ein lebenslanger Prozess. Das Problem besteht darin, inwiefern und inwieweit der Einzelne die Grunderfahrung des Eins-Seins in den Grenzen seiner eigenen Möglichkeiten in seinem Leben verwirklichen kann. Dies wird immer nur ansatzweise gelingen. Damit bleibt der Mensch ein Wesen im Sinne Luthers, eingespannt zwischen den Polen des funktionalen Welt-Ichs und des göttlichen Befreitseins. Der Mensch bleibt ichbezogen und begrenzt auch nach spirituellen Erfahrungen. Luthers *simul iustus et peccator* bleibt bestehen.

Diese Überlegungen sind der Ausgangspunkt für eine Beschreibung eines zeitgemäßen spirituellen Weges, der als Stille Meditation benannt wird. Im Begriff *Stille Meditation* ist das entwickelte Stufenschema als Prozess verdichtet. Die Form der Meditation ist nicht gegenständlich. Da die Interpretation Erfahrungen in der *Stille Meditation* zunächst offen ist, ob sie als Seins-, Wesens- oder Gotteserfahrungen bezeichnet werden, wurde der traditionelle Begriff der Kontemplation durch *Stille Meditation* ersetzt. Ich folge hier der Einschätzung von H. M. Enomiya-Lassalle der betont, dass die Seinserfahrung (Zen) ein *apersonales*, das christliche dagegen ein *personales* Erfassen des Absoluten ist.[141] Der Christ kann diese Seinserfahrung aber durchaus als Gotteserfahrung empfinden.[142]

TEIL 2

Wissenschaftliche Grundlegungen der Meditation

Nach der Begründung einer zeitgemäßen Meditation ausgehend von der evangelischen Tradition wird hier mit Hilfe naturwissenschaftlicher Überlegungen das Meditationsverständnis auf eine breitere Basis gestellt. Die Grundlagen der Meditation werden so dargestellt, dass deutlich wird, Meditation kann als eigenständiger spiritueller Übungsweg und als wichtige Ergänzung des Glaubens genutzt werden.

1.

Zwei meditative Grundsituationen

Die innere Haltung der *offenen Wahrnehmung* während der Meditation ist eine ganz *natürliche* Verfassung des Menschen.

Damit ist der Zustand, auf den sich Menschen während der Meditation bewusst und methodisch einlassen, ein ganz natürlicher, der sich im Menschen einstellen kann, wenn er einmal sein hektisches Getriebensein aussetzt und sich Zeit gibt, zur Ruhe zu kommen, um beschaulich zu verweilen.

J. J. Rousseau[143] beschreibt in seinen *Träumereien eines einsamen Spaziergängers* eindrücklich die Situation des Eingetauchtseins in eine meditative Versenkung und deren Wirkungen. Wichtig für die Einordnung der Träumereien ist der situative Rahmen, in denen der einsame Philosoph für sich selbst diese Schrift verfasst: Da er sich als ein Nichts unter den Menschen sieht[144], widmet er die letzten Tage, die ihm vergönnt sind, der Erforschung seiner selbst und bereitet damit die Rechenschaft vor, die er bald über sich werde ablegen müssen.[145] Die Niederschrift dieser Träumereien schenkt ihm eine Seelenruhe, eine Versöhnung mit sich selbst, die ihn sein Leben in Frieden abschließen lässt. Dieser existentielle Horizont beschreibt die tiefe Bedeutung der Träumereien für J.-J. Rousseau selbst und weist darauf hin, welchen Wert die Erfahrungsinhalte von Meditationen für den Meditierenden haben können.

In der Einsamkeit seines zweiten Spazierganges setzte J.-J. Rousseau sich mit dem Sinn seines Lebens auseinander: »Seufzend musste ich mich fragen: Was habe ich hienieden getan? Zum Leben war ich geboren, und ich sterbe ohne gelebt zu haben?«[146] Auf seinem Rückweg sah er wie plötzlich eine große Dänische Dogge auf ihn zustürmte. Er konnte nicht mehr ausweichen. Er erlebte weder den Zusammenstoß noch was danach folgte. Mit dem Gesicht voraus war er auf das Straßenpflaster geschlagen. Er berichtet seine Erfahrung als er wieder zu sich kam:

> »Diese erste Empfindung hatte etwas Köstliches. Ich spürte zunächst nur durch sie, dass ich überhaupt existierte. Ich gelangte in diesem Augenblick zum Leben und mir schien, als erfüllte ich alle Dinge um mich herum mit meiner zarten Daseinskraft ... In meinem Wesen fühlte ich eine wunderbare Ruhe, die, sooft ich mich daran erinnere, keinem der Vergnügen gleichkommt, die mir je vergönnt waren.«[147]

In dieser köstlichen *flüchtigen Existenz* empfindet er nichts und doch zugleich nichts als sich selbst.[148] Diese Erfahrung kann als intuitives Wissen, beschrieben werden, das J. Locke als *untrügliche Wahrnehmung dessen, dass wir sind,* beschrieben hat. G. W. Leibnitz nannte sie »die unmittelbare Wahrnehmung unserer Existenz.«[149] Das entspricht der Erfahrung des *inneren Sinnes,* durch den »jeder von uns eine innere Empfindung seiner eigenen Existenz hat.«[150] Dieses zum Leben geboren werden in dieser Situation, diese Empfindung der Existenz, war »frei von jedem anderen Gefühl.«[151] J.-J. Rouseau hatte die Priorität der *Empfindung* oder des *Gefühls* [sentiment] vor dem Wissen zum allgemeinen Prinzip erhoben und im *Emile* erklärte er: »Für uns heißt existieren fühlen; unser Empfindungsvermögen geht unserem Verstand unstreitig voraus, und wir haben Gefühle, ehe wir Ideen haben.«[152]

H. Hesse beschreibt Meditation als *die Kunst des Müßiggangs.* Bei der Lektüre der Geschichten von Tausendundeiner Nacht sei in ihm die Fähigkeit entstanden »auch ohne Lektüre stundenlang in Ruhe zu verharren und [seine] Aufmerksamkeit mit scheinbar geringen Gegenständen zu beschäftigen (...). Daraus entsprang ein wachsendes Erstaunen über die Vielheit des Geschehens und ein beruhigendes, völliges Vergessen meiner selbst, womit die Basis eines heilsamen, niemals langweiligen *far niente* gewonnen war.«[153] In der Betrachtung *Glück* beschreibt H. Hesse zwei Erlebnisse aus seinen Kindertagen, die ihn außerhalb der Zeit am »Lächeln Gottes« teilhaben ließen. Er wusste zeitlebens, dass diese Augenblicke »etwas vom Glanz und Klang, etwas vom Licht der zeitlosen Freude« in ihm hinterlassen haben. Einmal, war es das Glücksgefühl, das ihn durchströmte als er aufwachte und ohne Zeitgefühl den Himmel in heiterem Blau stehen sah, ein anderes Mal war es der Klang einer Trompete, der ihn aus dem Schlaf heraus die Ewigkeit des Glücks erfahren ließ. Als der Morgenzauber vergangen war »schlugen die Wellen der Zeit, der Welt, der Gewöhnlichkeit wieder zusammen«.[154]

Ebensolches Versunkensein haben wir als Kinder schon erlebt. Auch wenn wir uns nicht daran erinnern. Näheres Nachdenken wird aber möglicherweise Situationen des *Ergriffenseins* wieder an die Bewusstseinsoberfläche bringen. Eltern können es bei ihren Kindern beobachten, wie diese im Spiel versunken, alle Zeit und die ganze Umgebung scheinbar vergessen. Wie sie nicht einmal einen Zuruf hören, sondern in der Einheit mit der Spielsituation bleiben, bis sie sich wieder aus dem Spiel zu lösen vermögen.

Mit diesen Träumereien von J.-J. Rousseau und der Kunst des Müßiggangs von H. Hesse lässt sich zeigen, dass der Akt der Meditation ein ganz natürlicher ist, der sich zu gewissen Zeiten und in gewissen Situationen einstellen kann, ohne aktiv hergestellt zu werden. Ungesucht stellten sich für J.-J. Rousseau und H. Hesse im Sinne der Dimension des *Ergriffen-Werdens* die ganze Erfahrungstiefe der Meditation als *Durchbruch zum Wesen* ein: Ruhe, Frieden, Glück, Geborgenheit als Qualität der reinen Wahrnehmung gepaart mit der Erfahrung der Lebensgewissheit. Modern formuliert: Die Einheit der Wirklichkeit.

Die Betrachtung solcher Erfahrungen der Muße kann dazu genutzt werden, danach zu fragen, ob die innere Haltung der Meditation nicht auch bewusst herbeigeführt werden kann. Und genau das hat in der Geschichte des Christentums schon bei den Wüstenvätern begonnen. Die Erfahrung zeigt, die Verfassung der Meditation kann durch eine ruhige Körperhaltung, durch eine ruhige Atmung initiiert und kultiviert werden. Dabei ist von Anfang an klar, dass zwar die Haltung der Aufmerksamkeit und der offenen Wahrnehmung geübt werden kann, nicht jedoch das Erreichen bestimmter Erfahrungen.

Wenn man die Vorgänge der Träumereien analysiert, kristallisieren sich formal die Grundbedingungen und Voraussetzungen für das, was wir methodisch Meditation nennen, heraus.

Meditation stellt das gezielte Herstellen einer *Situation der Wahrnehmung* mit Hilfe einer bestimmten Körperhaltung, gekoppelt mit dem Atem, dar. Die damit einhergehende freie Aufmerksamkeit ist die Bedingung der möglichen Erfahrung der Fülle eines Augenblicks, wie er ist. Paradox ist zunächst die Situation sich absichtlich einer inneren Absichtslosigkeit auszusetzen. Das heißt, die Wahrnehmung zu öffnen und nur wahrzunehmen, nichts zu kommentieren oder zu bewerten. Auch wenn das Ziel die Erfahrung der Einheit der Wirklichkeit ist, geht es in der Übung immer nur um die Wahrnehmung dessen was gerade ist. Meditation ist das sich bewusste Öffnen und Vorbereiten für das, was sich von sich aus zeigt. Die Aktivität ist die Herstellung einer körperlich-seelisch-geistigen Ausgangssituation in der Haltung einer klaren Wachheit. Die Vorgänge innerhalb der Meditation werden nicht kontrolliert, sondern nur wahrgenommen. Meditation ist die bewusste Kultivierung und Schulung der Wahrnehmungsfähigkeit durch geduldiges und beständiges Üben.

2.

Bedeutung der Wahrnehmung in der Meditation

Das Wunder ist, *dass wir wahrnehmen, dass wir wahrnehmen.*[155] Wahrnehmen zu können ist die Voraussetzung für uns Menschen, die Welt und uns selbst zu erleben und erfassen zu können. Sie gibt uns die Gewissheit, dass wir leben. Der Ort der Wahrnehmung ist der Leib.

Die Wahrnehmung wird verstanden als ein Akt des Geistes, der vermittelt durch die Sinnesorgane, die unmittelbare Beziehung zur Wirklichkeit, zur *Welt*, bewusst werden lässt. In der unmittelbaren Wahrnehmung erscheint zunächst ein *Etwas*, wie es von sich aus ist. Es affiziert das Bewusstsein. Das differenzierende Denken macht dieses *Etwas* zu etwas Bestimmten. Dieses *Etwas* wird zur Welt, beispielsweise zu einem Apfel.

Das rezeptiv-*schauende* Wahrnehmen ist ein offenes Gewahrsein dessen, was sich zeigt. Es ist geht allen Gedanken und Gefühlen voraus und ist unabhängig von äußeren und inneren Umständen und Bedingungen. Diese Verfasstheit oder diese Selbstversunkenheit in der Wahrnehmung des Augenblicks kann spontan erlebt werden, ohne dass dies als Zustand der Meditation bewusst wird. Wir haben alle schon meditiert, wir wissen es nur nicht mehr, und wir meditieren immer wieder, nur nehmen wir diese Zeit der unmittelbaren Wahrnehmung nicht als Meditation, als Selbstversunken- Sein im Augenblick wahr. Das herausragende Erlebnis wird in solchen Situationen nicht mit dem Zustand der Meditation in Verbindung gebracht oder reflektiert: Das Versunkensein des Kindes im Spiel mit Bauklötzchen, beim Bauen einer Sandburg, das stille Staunen während eines Sonnenuntergangs oder beim Anblick eines

Menschen, den man liebt. Die Situation wird bewusst wahrgenommen wie sie ist, aber nicht bewertet, nicht kommentiert, sondern bewusst *erlebt* mit allen Sinnen, als ganze Person. Wir ließen diese Fähigkeit mit dem Erwachsenwerden versinken und müssen das Meditieren erst wieder mühsam lernen.

Was in einem Moment des *Ergriffenseins* ganz natürlich, automatisch und unbewusst geschieht, wird in der Meditation bewusst geschult.

In der Meditation geht es um eine Entkopplung der Wahrnehmung vom nachrangigen Denk-Fühlen. Es geht um ein unmittelbares Wahrnehmen und erst im Anschluss daran um eine Interpretation der Wahrnehmung, die dann als ins Wort gebrachtes [als ver-wortetes und daher zu ver-ant-wortendes] Erfahrungswissen im Denken und Fühlen[156] erhalten und weiter verarbeitet werden kann.

Die Entkopplung selbst führt in *seltenen* Glücksmomenten des Menschseins zu einer Aufhebung der Subjekt-Objekt-Spaltung[157], d.h. zur Erfahrung der Einheit im Wesen – das Eins-Sein im Augenblick. Das Eins-Sein selbst kann nicht gezielt hergestellt werden. Es ist ein Geschenk. Diese Erfahrung wird aus christlicher Perspektive als Gotteserfahrung, als Gotteserkenntnis, als Ruhen in Gott beschrieben. Theologisch gesprochen ist es ein gnadenhaftes Wirken Gottes. Wobei der Urgrund, Gott, immer noch Geheimnis bleibt. Es ist aber gewiss, dieser Grund geht allem voraus, er ist unübersteigbar und nicht hintergehbar.

Die Wahrnehmung ist der gemeinsame *Ort* für alle meditativen Erfahrungen. Die Erfahrungen selbst können abhängig vom Erleben des Einzelnen als *außergewöhnliche* oder als *spirituelle* Erlebnisse gedeutet werden.

Wahrnehmung aus naturwissenschaftlicher und philosophischer Sicht

Sehe ich in der Alltagserfahrung einen Baum, wird die Welt dual wahrgenommen in der Subjekt-Objekt-Spaltung: Hier bin ich, dort ist der Baum. In der Meditation kann sich diese Dualität aufheben: Dieser Moment wird in der Wahrnehmung als Ich – Baum – Einheit erfahren. Genauer: Es gibt weder Baum noch Ich, nur So-Sein.

Unser *normale* Weltsicht, die durch das rationale Denken eingeübt ist, ist die für uns selbstverständliche Weise des Welterlebens, gesteuert durch unser Ich. Die ichfreie, nichduale Weltsicht muss in der Meditation neu eingeübt werden. Es gibt also zwei Weisen der Weltwahrnehmung, die uns die *eine* Welt, in der wir leben zugänglich machen, einmal als duale Lebenswelt der Vielheit, die wir haben; einmal als nonduale Welt der Einheit und Verbundenheit, die wir sind.

Mit Hilfe von einigen naturwissenschaftlichen und philosophischen Überlegungen wird die Erfahrung der Einheit in der Meditation als natürliches Phänomen der ungeteilten Wahrnehmung begründet und bestätigt:

D. Heller-Roazen[158] untersuchte philosophiegeschichtlich das Phänomen der Wahrnehmung unter dem Aspekt des *inneren Sinns*. Am Anfang steht das Staunen darüber, dass wir das Wahrnehmen *wahrnehmen*. Für Aristoteles gehörte zum Phänomen der Sinneswahrnehmung eine einheitliche Kraft in der Seele, mit der sie alles wahrnimmt, ein *aisthetikon panton.*[159]Das Seelenvermögen, mit dem wir *wahrnehmen*, dass wir sehen und hören, hat Aristoteles auch als *Gemeinsinn* bezeichnen. Die Einsicht, die in der Antike damit gewonnen war, besteht darin: Jeder »nimmt beim Wahrnehmen zugleich wahr, dass er existiert und wahrnimmt.«[160] Präzise hat dies T. v. Aquin formuliert: »Wenn wir wahrnehmen, dass wir wahrnehmen, und wenn wir denken, dass wir denken, nehmen wir wahr und denken wir, dass wir sind.«[161] Bei R. Descartes verlor der Ausdruck Gemeinsinn (sensus communis) seine zentrale Stellung zur Beschreibung einer Wahrnehmungskraft.[162] Für G. W. Leibnitz besitzt der Mensch ein *intuitives Wissen*, »eine untrügliche innere Wahrnehmung dessen, dass wir sind.«[163] Dieser geschichtliche Rückblick verweist auf den zentralen Zusammenhang von Wahrnehmung und bewusstem Sein. Der dargestellte Erfahrungszusammenhang steht auch in der Mitte der kontemplativen Erfahrung.

Die Bedeutung der Wahrnehmung als Grundlage für die Meditation bestätigt nach meinem Verständnis auch die Wahrnehmungstheorie V.v. Weizsäckers. Er versuchte mit der Idee des Gestaltkreises[164] die Einheit von Wahrnehmung und Bewegung theoretisch darzustellen. Dazu war es nötig das Subjekt in die Biologie einzuführen.[165] Die Erklärung des psychophysischen Problems drängte zu einer dritten Instanz, die im deutschen mit dem Wort Geist benannt wird.[166] Auch H. Jonas bringt den Geistbegriff in die Biologie ein: Das Organische bildet schon in niedersten Gebilden das Geistige und es bleibt das Geistige noch in seiner höchsten Reichweite Teil des Organischen.[167] Den Ausgang für diese wissenschaftlichen Überlegungen bildet für V. v. Weizsäcker eine eigene *Erfahrung*, die er als einen inspiratorischen Augenblick bewertet. Als Soldat im Einsatz 1915 widerfuhr ihm beim Betrachten einer hängenden Patronentasche die ursprüngliche Ungeschiedenheit von Subjekt und Objekt, er selbst war die Patronentasche und die Patronentasche war er. Diese Erfahrung des *Eins-Seins* beschreibt er als beglückend.

V.v. Weizsäcker geht weiter davon aus, dass alles in Beziehung zueinander steht, und wir sind mitten in diesem vielschichtigen Beziehungsgeflecht. Wenn wir etwas wahrnehmen, nehmen wir niemals Dinge »für sich wahr, sondern immer nur in der Beziehung, *die wir zu ihnen* haben.«[168] Sein Verständnis von Wahrnehmung fasst er thesenartig zusammen: »1. Die Wahrnehmung muss nicht als fabrikartiges Bild, sondern selbst als eine Tätigkeit im Werden aufgefasst werden, und 2., sie ist nicht subjektives Endprodukt, sondern geschehende Begegnung von Ich und Umwelt.«[169] »*Subjekt und Objekt verbinden sich in dieser Begegnung.«*[170]

Für V. v. Weizsäcker weiß die sinnliche Gegenwart eines äußeren Gegenstandes der aktuellen Wahrnehmung nichts von seiner Spaltung zwischen Subjekt und Objekt. Wenn dem Urerlebnis des Eins-Seins von Subjekt und Objekt das Primat zukommt, dann besteht die Aufgabe der Erkenntnistheorie und der Wahrnehmungstheorie nicht darin, zu erklären, wie das Subjekt zum Objekt kommt, »sondern wie die Trennung, die Scheidung von Subjekt und Objekt, zustande kommt.«[171] Es resultiert die Frage, wie es möglich wird, »dass ich nicht dieses Ding bin, das Ding nicht ich ist?«.[172]Diese Negation will begriffen werden. Während die Urerlebnisse des Eins-Seins von Subjekt und Objekt einen beglückenden Charakter haben, ist die erste Erfahrung der Negation eine Qual. In der Negation trennt sich das Ich schmerzvoll vom Nicht-Ich; Subjekt und Objekt treten auseinander.[173] Im Wahrnehmungsoriginal sind Subjekt und Objekt eine ungeteilte Einheit.[174] Nach dem Wahrnehmungsakt ist das Dagewesene nur noch Erinnerung.[175] Erst das reflektierende Denken bringt die Trennung von Subjekt und Objekt zustande.[176] »Im Erinnern wird das früher einmal Wahrgenommene in eine neue Gestalt – Erinnerungsgestalt – überführt.«[177] Dabei wird die Erinnerungsarbeit von der Macht der Gefühle gesteuert. Gefühle bewerten die Erfahrungen als gut, schlecht oder neutral.[178] Das Erleben von Welt folgt einem Dreierschritt: »*Begegnen – Wahrnehmen – Erinnern.*«[179]

In der Folge von I. Kant postuliert A. Schopenhauer auch den Primat der unmittelbaren Wahrnehmung[180] vor der Erfahrung.[181] Erst durch den Verstand kommt es zur Anschauung: »wie mit dem Eintritt der Sonne die sichtbare Welt dasteht; so verwandelt der Verstand mit einem Schlage, durch seine einzige, einfache Funktion, die dumpfe, nichtssagende Empfindung in Anschauung.«[182] In der Vorstellung[183] zerfällt die Erscheinung in Subjekt und Objekt durch die Reflexion. Alles Intuitive wird zum nichtanschaulichen Begriff der Vernunft. Die Erkenntnis unterliegt damit der Entscheidungsfähigkeit durch den Willen.[184] Die unmittelbare Wahrnehmung der Einheit der Wirklichkeit ist das *a priori* – vor aller Erfahrung – die als intuitive Gewissheit durch das Denken zur Erfahrung gerinnt.[185] Die *Kontemplation*, das »bessere Bewusstsein«, die Erfahrung der »Seligkeit des willenlosen Anschauens« wird so zum Zentrum seiner Philosophie. Zu den Augenblicken des wirklichen Philosophierens schreibt A. Schopenhauer: »Mein Denken in Worten, also Begriffen, ist für meine Philosophie nichts anderes als was das Technische für den Maler ist, das eigentliche Malen, die *conditio sine qua non.* Aber die Zeit der wahrhaft philosophischen, wahrhaft künstlerischen Tätigkeit sind die Augenblicke wo ich mit Verstand und Sinnen rein objektiv in die Welt hineinsehe; diese Augenblicke sind nichts Beabsichtigtes, nichts Willkürliches, sie sind das mir Gegebene, mir Eigene, was mich zum Philosophen macht, in ihnen fasse ich das Wesen der Welt auf, ohne dann zugleich zu wissen dass ich es auffasse; ihr Resultat wird oft erst lange nachher aus der Erinnerung schwach in Begriffen wiederholt und so dauernd befestigt.«[186]

Die Wahrnehmungstheorie von der Einheit des Sehenden und des Gesehenen findet sich schon bei Meister Eckhart in seiner Predigt 48: »Wird mein Auge aufgeschlagen, so ist es ein Auge; ist es zu, so ist es dasselbe. Durch mein Sehen verliert das Holz nichts und gewinnt auch nichts hinzu. Versteht mich nun sehr genau: Geschieht es nun, dass mein Auge eins und einheitlich ist in ihm selbst, es wird aber aufgeschlagen und auf das Holz geworfen, so bleiben beide, was sie sind und werden doch im aktualen Anschauen so sehr eins, dass man in Wahrheit sagen kann: Auge-Holz, und das Holz ist mein Auge.«[187] Es ist unsere Denkweise, die diese Einheit in der Wahrnehmung trennt: Hier Sehen und dort das Holz. Auch K. Flasch interpretiert die genannte Predigtstelle in der Weise, dass er sagt: »Eckhart besteht auf dem Unterschied zwischen den getrennten Weltdingen Holz und Auge und deren Eins-Sein im Wahrnehmungsakt.«[188] Meister Eckhart selbst beruft sich auf die Aussage von Aristoteles, der die Einheit von Sehen und Gesehenem in seiner Schrift Über die Seele (De *anima)* schon beschrieben hatte.[189] Aristoteles sagt: »Die Wirklichkeit des Wahrnehmbaren und der Wahrnehmung ist ein und dieselbe«.[190] Aristoteles unterscheidet zwischen der ersten Wirklichkeit: Hier ist das Wahrnehmungsobjekt von der des Sinnesvermögens verschieden und der zweiten Wirklichkeit: Hier ist die Wirklichkeit des Objekts und die Wirklichkeit des wahrnehmenden Subjekts identisch. [191] Diese philosophischen Überlegungen stützen die Wahrnehmungstheorie von V. v. Weizsäcker.

M. Merleau-Ponty[192] nimmt den Leib, der wir sind, in seine Theorie der Wahrnehmung auf. Für ihn bilden die äußere Wahrnehmung und die Wahrnehmung des eigenen Leibes eine Einheit, weil sie nur zwei Seiten ein und desselben Aktes sind.[193] Die Wahrnehmung erschafft und rekonstruiert die Welt in jedem Augenblick neu.[194] Die Wahrnehmung selbst ist nicht beschreibbar, sie ist gewissermaßen der *Fehler* in diesem *großen Edelstein.*[195]Dabei wird zum Subjekt der Wahrnehmung der *Geist.*[196] M. Merleau-Ponty definiert Geist »als die *andere Seite* des Leibes«.[197] Der Gedanken der Einheit ergibt sich aus der Verschränkung von Leib und Welt: »Die Dinge sind die Verlängerung meines Leibes, und mein Leib ist die Verlängerung der Welt, durch ihn umgibt mich die Welt«.[198] Wahrnehmen vermittelt gleichursprünglich das Gefühl des eigenen Seins: »Es ist die Tatsache der eigenen Existenz des Lebewesens – oder einfacher gesagt, sein Leben.«[199] Denn die Wahrnehmung ist gleichzeitig ein leibliches und geistiges Geschehen.[200] Wahrnehmungen sind somit Interaktionen zwischen Körper und Geist.

Das Geist-Materie-Problem in der Wahrnehmungserfahrung

Aus Sicht der Mystik ist das Medium und der Inhalt der Erfahrung *Geist.* Intuitiv deutet die Mystik die erfahrene Einheit als Geist. Wird mit Hilfe der neueren Ergebnisse der Kernphysik weiter gefragt, was das Wahrgenommene der Erfahrung eigentlich ist, dann bestätigen Elementarteilchenphysiker genau diese Interpretation der Mystik – nur aus wissenschaftlicher Sicht. Wird in der Mystik der Grund des Seins als Geist bezeichnet und ihr Inhalt als Nichts, so bestätigt in anderer

Form die Physik, dass der Grund als Geist angesprochen werden kann und dass sich Materie letztlich in ein nicht weiter beschreibbares Nichts auflöst. Das führt zu der provokativen Erkenntnis: In der Meditation nimmt letztlich Geist Geist wahr, genauer: Der Geist nimmt sich selbst wahr.

In der Naturwissenschaft gab es bis zu Beginn des 20. Jahrhunderts die Sicherheit, dass das Wesen der Dinge letztlich eine unteilbare *Substanz* ist. Nach der Entdeckung von A. Einstein, dass das Licht sowohl Welle als auch Teilchen ist, konnte nicht mehr definiert werden, was Materie eigentlich ist. Für C. F. v. Weizäcker ist eine Konsequenz aus den Erkenntnissen der Elementarteilchenphysik, dass »das Eigentliche des Wirklichen, das uns begegnet, Geist ist.«[201] Mit Gedanken von H.-P. Dürr, kann diese Sicht auf die Wirklichkeit noch vertieft werden. H.-P. Dürr bekennt: »Ich habe als Physiker fünfzig Jahre lang – mein ganzes Forscherleben – damit verbracht zu fragen, was eigentlich hinter der Materie steckt. Das Endergebnis ist ganz einfach: Es gibt keine Materie! ... Das war eine erstaunliche Erfahrung: Zu lernen, dass es das, von dessen Wirklichkeit alles überzeugt sind, am Ende gar nicht gibt ... Das Fundament unserer Wirklichkeit ist nicht die Materie, sondern etwas Spirituelles, das gar nicht begreifbar ist. ... Im Grund unserer Wirklichkeit ist kein Fundament, sondern eine Quelle, etwas Lebendiges.«[202] Die Wissenschaft kann hier nur noch in Gleichnissen sprechen, diese Quelle kann Geist oder Gott genannt werden.[203] Wie C. F. v. Weizsäcker sagt H.-P. Dürr: »Der Geist ist am Fundament der Wirklichkeit. Er kommt nicht erst durch die Menschen in die Welt, sondern er wird durch den Menschen zum ersten Mal bewusst erfahrbar.«[204] Die Quantenphysik zeigt, dass die Wirklichkeit keine *Realität* in der ursprünglichen Bedeutung einer dinghaften Wirklichkeit ist, sie *offenbart* sich primär nur mehr als *Potentialität*, d. h. als Kann-Möglichkeit für die uns vertraute Realität, die sich uns in objekthaften *Erscheinungsformen* zeigt.[205] Die ursprünglichen Elemente der Wirklichkeit sind reine Beziehungsstrukturen, keine materiellen Atome oder Elementarteilchen.[206] »Das Naturgeschehen ist also kein mechanistisches Uhrwerk mehr, sondern hat den Charakter einer *fortwährenden kreativen Entfaltung*. „Die Welt ereignet sich in jedem Augenblick neu!".«[207] Es ist ein Wechselspiel zwischen Masse und Energie. In dieser Dynamik ist mit der Entstehung von Masse auch die Entstehung von Raum und Zeit verknüpft. Umgekehrt mit dem Verschwinden von Masse, d. h. mit der Umwandlung in Energie, verschwinden auch Raum und Zeit. A. Einstein hat seine Entdeckung einmal für Laien so auf den Punkt gebracht: »Früher hat man geglaubt, wenn alle Dinge aus der Welt verschwinden, so bleiben doch noch Raum und Zeit übrig. Nach der Relativitätstheorie verschwinden aber Raum und Zeit mit den Dingen.«[208]

Das Nichts der Kernphysik kann als *Gleichnis* für das Nichts der Mystik dienen. Auch J. Tauler konnte Gott als ein Nichts beschreiben. Das *Nichts* der Meditation und das *Nichts* der Physik sind nicht gleichzusetzen, sie zeigen aber, dass am Grunde des Seins verschiedene Zugänge zu einem *Nichts* führen, über das keine Aussage mehr möglich ist. Damit ist die physikalische Wahrheit so beschrieben, dass sie ihr Geheimnis behält. »Das Gefühl dafür ist das Schönste, das Menschen erleben können.«[209] Indem C. F. v. Weizsäcker den Geistbegriff in dieses Nichts einbrachte, war es für ihn möglich hier auch von Gott zu reden.[210] Es ist der Geist der Beziehung schafft und in Beziehung zueinander setzt.[211] K.-P. Jörns übersetzt diese Grundlage in die Theologie: »Geist – als das Eigentliche des Wirklichen – verbindet nicht nur Menschen, Ich und Du, sondern alles, was wir in der Wirklichkeit als Phänomene unterscheiden können. Dadurch schafft er die *Welt*. Deshalb wird Geist zu Recht als *Schöpfer* bezeichnet.«[212] Denn: Gott ist Geist (Joh., 4,24). Aus der Perspektive des Geistes, ist alles vom Wesen her Geist. Aus der Perspektive des Ich stellt sich diese Einheit als Vielheit als duale Welt von Subjekt und Objekt dar.

Die Erfahrung der Einheit – auf der spirituellen Ebene der Meditation – wird durch die Wahrnehmungstheorien von V. v. Weizsäcker und M. Merleau-Ponty gestützt und bestätigt, wie auch von philosophischen Überlegungen zur letzten Wirklichkeit von C. F. v. Weizsäcker und H.-P. Dürr aus der Sicht der modernen Kernphysik.

Diesen Ausführungen verdeutlichen, wie notwendig ein Diskurs zwischen Theologie und Naturwissenschaften ist, da dieser einen wirklichen Gewinn für ein heutiges Glaubensverständnis ermöglicht. Es ist eine neutrale Bestätigung der Erfahrung der Einheit von Gott-Welt und Mensch vermittelbar und es zeigt, dass sich Gott auch in den Naturwissenschaften als Grund und Schöpfer des Seins *offenbart*. Somit kann sich die Theologie auf einen *Diskurs* mit dem neuen Weltbild der Physik einlassen: Das Nichts lässt sich mit dem Gottesbegriff, insbesondere mit dem *deus absconditus*, in Beziehung bringen; das Nichts der modernen Physik ist theologisch als creatio ex nihilo und die Welt, die Schöpfung als creatio continua denkbar. Solche Denkmodelle könnten sich als sehr zukunftsfähig für die Theologie erweisen.

Mit allen genannten *wissenschaftlichen* Theorieansätzen ergibt sich der gemeinsame Fluchtpunkt: *Geist*. Damit stützen und bestätigen diese die Grunderfahrung der Kontemplation: Gott ist Geist. Die gesamte Schöpfung ist Ausdruck dieses einen Geistes. Die Aussage von der Einheit des Seins, der Einheit von Gott-Welt-Mensch erscheint als zulässige Deutung. Damit wird die Grundaussage der Bibel, dass Gott Geist ist, sowohl von wissenschaftlicher Seite wie durch die kontemplative Erfahrung bestätigt.

Die Offenbarungs-Aussage der Bibel, die Gott als Geist bezeichnet und die theologische Benennung der Schöpfung aus dem Nichts, die Erfahrungs-Aussage der Mystik Gott als Nichts zu erfahren, die Erkenntnis-Aussage der Quantenphysik, dass dieses Nichts am Grunde des Seins als Gott verstanden werden kann, bestätigen sich gegenseitig, *dass* Gott *ist*. Gott, Nichts, Geist sind Chiffren[213] im Sinne von K. Jaspers. Sie sind Hüter eines nicht weiter erhellbaren Geheimnisses, vor dem der Mensch nur mit Staunen und Demut stehen kann.

Der Zusammenhang Geist, Bewusstsein, Leib und spirituelle Erfahrung

Geist ist ein sehr offener Begriff. Im Prinzip ist er ein Platzhalter für etwas Unaussprechliches und nicht wirklich Benennbares. Die reale Natur des Geistes, so urteilt der Neurobiologe G. Roth, bleibt uns für immer verschlossen.[214] Deshalb lohnt es sich die Verwendung der Begriffe Geist und Bewusstsein näher anzuschauen.

Zuvor ist es jedoch wichtig die *Schnittstelle* zwischen Geist und Erfahrung zu betrachten: Den Leib. Der Ort der Erfahrung, das ist wichtig im Blick zu behalten, ist die gesamte Leib-seelisch-geistige Einheit des Menschen. Der Leib ist dabei mehr als nur der Körper, den man hat. Leib meint die Weise, wie der

Mensch als Person präsent ist.[215] Der Leib ist das *raum-zeitliche* Gefäß der Erfahrung. Er ist der *Resonanzraum* für das Selbst- und Welterleben. Die Wahrnehmung ist nicht ein isoliert- geistiges Geschehen, sondern geschieht mit allen Sinnen. Spirituelle Erfahrungen werden nicht nur im Gehirn abgespeichert, sie sind auch im Leibgedächtnis präsent. Der ganze Mensch wird davon erfasst und geprägt. Spirituelle Erfahrungen sind leibhaftige Erfahrungen. Vermittelt durch die Sinne, und dazu gehört auch das Bewusstsein, wird der ganze Mensch unmittelbar berührt. Es ist ein gleichzeitiges geistig-seelisch und körperliches Geschehen. Der Leib ist vom Geist durchdrungen und er ist der Sitz des Bewusstseins. Hier geschieht die Wandlung der Wahrnehmung in bewusste Erfahrung.

Allgemein nachvollziehbar ist die Erfahrung von Bewusstsein; diese Fähigkeit ist uns allen gegeben. Bewusstsein ist der Zustand der Wachheit. Wir können die Welt und uns selbst bewusst wahrnehmen. Darüber hinaus gibt es Bereiche, die uns unbewusst bzw. nicht bewusst sind. Wir dürfen das Bewusstsein als den bewussten Bereich des allgemeinen Geistes verstehen.

Der Philosoph J. Levine spricht von einer Erklärungslücke hinsichtlich des Entstehens von Bewusstsein im Menschen allein aus neurowissenschaftlicher Sicht. Er sagt, gegenüber der Erklärungslücke (*explanatory gap*) lassen sich drei Positionen einnehmen: Man kann die Meinung vertreten, dass die Erklärungslücke *prinzipiell* nicht schließbar ist; man kann behaupten, dass die Erklärungslücke nur im Moment nicht geschlossen werden kann und es ist denkbar, dass es für *uns als Menschen* unmöglich ist diese Lücke überhaupt zu schließen.[216] Damit lässt sich der Begriff des Bewusstseins aus heutiger Sicht nicht wirklich klären.

In unserer Zeit schulen wir einseitig nur das Erkenntnisvermögen der Vernunft im Sinne des operationalisierenden Denkens. Wir wollen mit dieser Form der Erkenntnis die Welt begreifen um sie zu beherrschen.[217] Es ist heute klar geworden, dass diese einseitige Schulung unseres Geistes nicht ausreicht um ein zufriedenes und friedvolles Leben zu führen. Wir müssen die verschiedenen Fähigkeiten unseres Geistes nutzen lernen: die unterschiedlichen Formen des Denkens (rational, magisch-mythisch, intuitiv), das Erleben von Gefühlen und das mit allen Sinnen offene Wahrnehmen dessen, was gerade ist. Das Leben ist zu vielfältig und komplex, es kann nicht mit einem Geistaspekt hinreichend erfasst werden.

Es gibt die Vordergrunderfahrung der Vielheit, es gibt die Hintergrunderfahrung: Alles ist eins. Alles ist Geist. Das Zen sagt abstrakt: Form ist Inhalt und Inhalt ist Form. Die Mystik sagt: Gott ist alles in allem. Beschreibungen von Mystikern, (heilige) Schriften, bezeugen die Erfahrungen und Wirkungen Gottes bzw. des Urgrunds. Aber diese Aussagen sind nicht die Sache selbst. Sie sind *nur* der Finger, der auf den Mond zeigt. Spirituelle Wege bieten Möglichkeiten, sich diesen berichteten Erfahrungen auszusetzen. Für alle Überlegungen, Interpretationen, Beschreibungen und Erklärungsversuche gibt es ein Grundproblem: Wir wissen nicht, was Geist wirklich ist, wie Geist entsteht, ob es Geist wirklich unabhängig vom Menschen gibt, obwohl Interpretationen von naturwissenschaftliche Aussagen diese Annahme bestätigen. Es gibt nur den Versuch ein nicht weiter beschreibbares *Etwas* als *Nichts* oder *Gott* zu benennen. Es ist heute noch nicht wirklich entscheidbar und bisher nicht beweisbar, ob es einen Geist an sich gibt, also, ob Geist das ganze Universum als Urgrund allen Seins erfüllt, oder ob Geist auf Grund biologischer Voraussetzungen im Menschen erst entsteht, ob also Geist bzw. Bewusstsein nur eine Funktion des Gehirns ist. Die Frage ist, widerspiegelt der Geist nur die vom Gehirn produzierten Muster (Wahrnehmungen, Gedanken, Gefühle) oder verwandelt er sich in diese Muster?

Der Mystiker kann auf eine Einheitserfahrung verweisen, aber damit nicht Geist als Urgrund aller Dinge im naturwissenschaftlichen Sinn beweisen. Er vertritt diese Wahrheit nur als subjektive Erfahrungsgewissheit, als *seinen* Glauben. Der Wissenschaftler, der überzeugt ist, dass Geist ein Phänomen des Gehirns ist, kann Theorien formulieren, die diese Vorstellung plausibel erscheinen lassen, aber den Nachweis der Entstehung von Geist bleibt auch er schuldig. Hier steht die Erfahrungsgewissheit verschiedener Formen religiösen Glaubens, dem Wissenschaftsglauben gegenüber.[218]

Eine Funktion des Geistes ist die Wahrnehmung. Wir nehmen im Raum des Geistes wahr, was ist. Mit Hilfe von Worten benennen wir im Bewusstsein das Wahrgenommene und interpretieren das Wahrgenommene mit Worten, Vorstellungen, Gefühlen und Stimmungen. Worte sind aber nie das Wirkliche selbst. Worte weisen nur auf die Wirklichkeit hin. Das Wahrgenommene wird auf wenige Merkmale reduziert, um sich darüber verständigen zu können. Mit Worten konstruieren wir einen Wirklichkeitszusammenhang. Über das Wahrgenommene können wir eigentlich nur aussagen, dass es ist; was es ist, bleibt offen.

Heiliger Geist ist heute weniger eine Geistform, die Gott alleine verwaltet und die getrennt vom Menschen bei Gott ist, die Gott dem Menschen von außen eingießt. Der *Heilige Geist* ist als dritte Person Gottes eine Wirkungsweise Gottes; er kann verstanden werden als die im Menschen innewohnende spirituelle *Kraft [Gottes],* die im Menschen immer wieder die Sehnsucht nach Gott wachruft und die ihm die Richtung in die eigene Tiefe weist. »Der Geist stärkt, tröstet und erleuchtet [die Menschen]. Der Geist Gottes hilft den Menschen, *Gott inmitten der Schöpfung* wahrzunehmen, Gott unter irdischen Lebensbedingungen zu erfahren, in Gottes Gemeinschaft geborgen, gestärkt und würdevoll zu leben.«[219] Damit wird die leibhaftige, sinnfällige Erfahrung der Vertrautheit mit Gott und die Teilhabe an der göttlichen Herrlichkeit möglich.[220] Der Geist Gottes ist der Geist der Gerechtigkeit und des Friedens, er schenkt die Erfahrung von Freiheit.[221]

Eine Grunderfahrung des Menschen ist, dass wir Bewusstsein haben. Wir können das, was wir erfahren und tun, bewusst erleben. Genau dieses Bewusstsein *als Wissen von etwas*, ist der Ort unserer Freuden und Leiden, unserer Konflikte und unseres Glücks. Dieses Bewusstsein ist auch der Ort für die Lösung unserer spirituellen Fragen: Was ist der Sinn? Wer bin ich? Was ist Gott? Diesem Problem auf dem Erfahrungsweg nachzugehen ist die Aufgabe der spirituellen Übung. Dazu sind Informationen aus der modernen Hirnforschung hilfreich, aber auch Erfahrungsauswertungen verschiedener spirituellen Wege. Es zeigt sich heute: Das Bewusstsein als Bewusstseinsstrom entsteht in jedem Augenblick neu – es ist Ausdruck der ständigen Beziehung des eigenen Organismus mit seiner Umwelt; d.h. das Bewusstsein ist kein statischer Bildschirm auf dem sich ständig das Geschehen abbildet. Das wiederum bedeutet, dass das individuelle Bewusstsein auch mit dem Tod erlischt.[222] Wobei sich hier wieder das unauflösliche Dilemma ergibt: Ist Geist nur eine Funktion des Gehirns, dann ist mit dem individuellen Tod alles zu Ende[223], oder gibt es hinter allen Bewusstseinsebenen eine Ebene – im tibetischen Buddhismus wird sie als *weißes Licht*[224] bezeichnet? Paulus bezeichnet seine Vision als *geistlichen Leib* der vom individuellen Tod unberührt bleibt.[225] Diese Möglichkeiten können nicht rational bewiesen werden. Hier bleibt nur die Ebene des *hoffenden* Glaubens oder der offenen Spekulation. Es bleibt nur der Raum zu deuten, aber nicht wirklich zu wissen. Damit gibt es die Freiheit sich für die eine oder andere Interpretation aus der eigenen Überzeugung heraus zu entscheiden.

Von der Wahrnehmung zur spirituellen Erfahrung

Der *überraumzeitliche Ort* der spirituellen Erfahrung ist Geist. Das Medium ist die Wahrnehmung. Die Verortung der spirituellen Erfahrung geschieht mit der Funktion des Denkens im Bewusstsein. Es ist ein Akt der Intuition, die eine Ganzheit benennt. J. W. v. Goethe nannte diesen Moment des intuitiven Erfassens *aperçu*.[226] Das bedeutet, die spirituelle Interpretation des Erfahrungsmomentes ist eine bestimmte Perspektive der Deutung. Diese Erfahrung kann poetisch, philosophisch, psychologisch oder wissenschaftlich interpretiert werden.

Da mit der Aussage von der spirituellen Erfahrung viele Fantasien und Vorstellungen verknüpft sind, wird versucht, die mit spirituellen Erfahrungen zusammenhängenden Vorstellungen zu entmystifizieren. Entmystifizieren meint das Esoterische, das Irrationale, das einer Gotteserfahrung anhaftet, zu entfernen. Auch die Bedeutungsüberhöhung und die idealisierten Zuschreibungen der Wirkung einer solchen Erfahrung gilt es zu relativieren. Was Einheitserfahrung genannt wird, ist die *intuitive* Interpretation eines Ereignisses, das alle alltäglichen

Erfahrungen übersteigt und mit einer unerschütterlichen Gewissheit verbunden ist. Faktisch ist es *nur* die *nonduale* Erfahrung der Wirklichkeit eines Augenblicks. Unerlässlich ist die klärende Aufarbeitung und Einordnung des Ereignisses, damit es sich langfristig auswirken kann. Diese Erfahrung der All-Einheit kann dann zur *Referenzerfahrung* wirklichen Lebendigseins oder, theologisch gesprochen, des Erlöstseins werden. Eine Seinserfahrung ist keine Erfahrung einer transzendenten Seinsebene, kein Emporgerissenwerden in irgendeinen Himmel, der fern der Alltagsrealität existiert. In der Einheit Seins gibt es keine Unterscheidung von Immanenz und Transzendenz. Es gibt nur das So-Sein des jeweiligen Augenblicks.

Die spirituelle Erfahrung schenkt eine neue Wahrnehmung dieser Welt als Einheit. Sie zeigt, dass die Wirklichkeit von sich aus *leer* ist, das heißt, sie ist frei von jeder Deutung. Es ist So-Sein. Diese *Grund*erfahrung ist ein *Anruf* an das eigene Sein und hat die Kraft zur Wandlung des Menschen. Das Leben in und aus dieser Einheit muss dennoch als eigene Sichtweise übernommen und als Aufgabe und Auftrag ins eigene Wollen integriert werden. Dies ist erst möglich, wenn die Seinserfahrung als *solche* erkannt und eingeordnet wurde. Wenn diese nicht in die eigene Verantwortung übernommen wird, kann sie wieder vergehen ohne wirksame Spuren zu hinterlassen.

Die Deutung einer Einheitserfahrung ist zunächst subjektiv. Die Erfahrungsinhalte werden auf Grund des Kontrastes und ihrer außergewöhnlichen Intensität als *spirituell* bezeichnet, um den Unterschied zum normalen Alltagserleben hervorheben zu können. Dem Erleben von Geborgenheit, Ruhe, Frieden und Freiheit kann das Attribut *göttlich* zugeschrieben werden, wenn die Erfahrung aus der Sicht des christlichen Glaubens interpretiert wird.[227] Gott ist damit der Urgrund allen Seins. Mit dieser Erfahrung kann die biblische Zusage nachvollzogen werden, dass der Mensch *Ebenbild* Gottes ist.

Die *intuitive* Gewissheit der Erfahrung Gottes, des Urgrundes, verwandelt die Sichtweise auf das Leben. Der Mensch lebt in und aus der Einheit mit Gott.

Dieses innere Wissen um die Teilhabe an der Einheit befreit für den Alltag in dem Sinn, dass diese Fragen nach dem Woher und Wohin, dem Sinn und dem Tod *spirituell* gelöst sind.

3.

Phänomenologische Beschreibung der Prozesse in der Meditation

Meditation kann nicht mit Hilfe einer Theorie erklärt werden. Dennoch erwarten Menschen, die sich für Meditation interessieren, ihrem Intellekt entsprechende Begründungen und Anleitungen aus ihrer weltanschaulichen und religiösen Sicht. Die Praxis der Meditation stellt einen radikalen Affront gegen den Intellekt dar. Die Übung verlangt gerade eine Überwindung allen Vor-Wissens, aller Theorien, Konzeptionen und Vorstellungen. Für die Übung gibt es Anleitung und Erklärung der Praxis. Hierfür genügen einfache Worte, die jeder verstehen und nachvollziehen kann: Man muss wissen wie man gut sitzt, richtig atmet, wie mit Gedanken und Gefühlen und Störungen umzugehen ist. Die Übung, so einfach sie ist, verlangt Ausdauer und Geduld über Jahre. Die Ziele sind ebenso schlicht formulierbar: Inneren Frieden, Geborgenheit und die Gewissheit der Einheit der Wirklichkeit.

Das Grundproblem einer Theorie der Meditation am Beispiel des Teetrinkens: Meditation ist wie Trinken von Tee. Wer Tee *nicht* kennt, muss den Tee selbst probieren, um den Geschmack von Tee beurteilen zu können. Man kann den Geschmack von Tee nicht erklären. Die einfache Methode ist eine Tasse Tee zu nehmen und zu trinken und zu erleben: So schmeckt Tee. Keine Vorstellung, keine philosophische Überlegung, keine wissenschaftliche Theorie, kein Gedicht kann den Geschmack von Tee vermitteln. Immer bleibt: Der Geschmack von Tee ist nur durch das Trinken von Tee erfassbar.

Meditation kann in einfachen Worten vermittelt sehr komplex wissenschaftlich dargestellt werden, aber nur durch eigenes Üben ist Ihre Essenz erfassbar. Der Einzelne ist hier den eigenen Fragen ausgeliefert und muss eine für ihn zufriedenstellende Erklärungsebene finden. Nur: Stille bleibt Stille. Das *Eigentliche* bleibt unaussprechlich.

Meditation kann durch drei zentrale Erfahrungs- und Erkenntnisschritte charakterisiert werden:

1. Der Weg geht in der Meditation von der *dualen* Weltsicht aus und führt zurück zur unmittelbaren *nondualen* Wahrnehmung.
2. Die Wahrnehmung einer Situation wird als spirituelle Erfahrung eingeordnet und dann im Rahmen der eigenen Weltanschauung oder Religion interpretiert.
3. Die gewonnenen Einsichten werden in die eigene Person integriert und so gut es geht in den Alltag eingebracht.

Erfahrung der Einheit – Überwindung der Dualität

In der Welt der Vielheit der Dinge fühlen wir uns aus dualistischer Sicht getrennt vom Ganzen und nehmen uns als einsame, zufällige Wesen im Universum wahr. In der Einheitserfahrung wird das isolierte Ich transzendiert und alles in allem als Einheit erfahren. Diese Einheit der Wirklichkeit ist in sich selbst *leer*, das heißt ohne Ich und frei von jeder Interpretation. Was ist, ist nur das faktische Jetzt. Gehen ist nur Gehen, Sitzen ist nur Sitzen. Alles ist so, wie es von sich aus ist: Nur dies, So-Sein.

Meditation ist das Hilfsmittel, die Position zu wechseln und das Ganze aus nicht-dualer Sichtweise als Einheit zu erleben und zu erfassen und damit mit dem Ganzen eins zu sein, ungetrennt und damit zu wissen, dass alles miteinander in Beziehung steht und der Mensch ein Teil des Ganzen ist und bleibt.

Die Verbundenheit aller Dinge resultiert aus der gegenseitigen Abhängigkeit; es gibt kein isoliertes Einzelnes, alles existiert in gegenseitiger Abhängigkeit und daher in gegenseitiger Beziehung. Das Einzelne existiert durch den Wirkungszusammenhang des Ganzen. Das Einzelne erscheint als Einzelnes und ist gleichzeitig ungetrennter Teil des Ganzen; oder: Das Ganze erscheint im Einzelnen, das es als Einzelnes konstituiert. Diese intuitive Erkenntnis der Mystik wird heute auch durch die neurobiologische Forschung bestätigt. G. Hüther schreibt, aus dem Blickwinkel der Forschung habe sich gezeigt, dass alle beobachtbaren Erscheinungen auf eine Weise miteinander verbunden und voneinander abhängig seien. Dies lasse sich nicht mehr mit einfachen Worten beschreiben, sondern bestenfalls noch erspüren.[228]

In der spirituellen Erfahrung können wir die nonduale Einheit von Subjekt und Objekt wahrnehmen: Gott – Mensch – Welt sind eine ungeteilte Einheit. Die Ich-Du-Beziehung, das Personsein Gottes wie auch das Personsein des Menschen, das ihm als Schöpfungswürde zugesprochen ist, bleiben aus der Glaubensperspektive erhalten. Das Eigentliche des Wirklichen, die Gegenwart des Geistes, kann als Erfahrung von Frieden, Geborgenheit und Liebe beschrieben, kann als Erfahrung Gottes gedeutet werden. W. Jäger vergleicht die Erfahrung der Getrenntheit von Gott und dem Menschen mit der Hand, die zwei Seiten hat; von außen muss der Verstand die eine, dann die andere Seite betrachten, von innen werden beide Seiten als Eines erfahren. »Deshalb ist es zugleich eine Erfahrung der völligen Leere und der totalen Fülle.«[229]

Mensch, Welt und Gott: Diese Unterscheidung Mensch – Welt – Gott ist notwendig, da eine Einheitserfahrung, die sich einstellt, oftmals auch ohne gezielte Meditation auftritt, aber nicht automatisch als spirituelle bzw. religiöse Erfahrung eingestuft wird. Sie kann als außergewöhnliche Erfahrung wieder abklingen und nicht weiter beachtet werden. Oder, diese Erfahrungen können je nach kulturellem oder religiösem Hintergrund ganz unterschiedlich interpretiert und eingeordnet werden.

Spirituell interpretiert ist diese Einheitserfahrung die Erfahrung der Immanenz der Transzendenz. Das ungetrennte Eine ist religiös gesprochen Gott. Das Wesen, der Urgrund des Menschen ist Gott. Damit gibt es die Gewissheit, alles Leben ist Ausdruck Gottes und zusammen mit der gesamten Schöpfung in Gott geborgen. Die Meditation ermöglicht so einen neuen Zugang zum christlichen Glauben oder ergänzt und erweitert den bisherigen Glauben und führt zu einem erfahrungsbezogenen und damit lebendigen persönlichen Glauben.

Desidentifikation

Das meint die Entkleidung der Erfahrungen von allen subjektiven Bewertungen und Interpretationen (Denken und Fühlen). Dazu ist es notwendig die festen Vorstellungen und Konzepte über Gott und die Welt aufzugeben. Das Sosein der Dinge wird erfahren, so wie die Dinge von sich aus sind und wie sie in der bloßen Wahrnehmung erscheinen. Jeder Mensch nimmt subjektiv wahr und interpretiert subjektiv. Diese subjektiven Interpretationen absolut genommen führen zu einer Engführung und zu Problemen. Die Erfahrung des faktischen Seins der Dinge eröffnet einen Spielraum der Möglichkeiten, eröffnet Freiheitsgrade des Umgangs damit.

Die Zusammenschau: Die Gleichzeitigkeit der Einheit und Vielfalt

In einem dritten Schritt geht es darum, die beiden Sichtweisen miteinander zu verschränken. Obwohl alles als getrenntes Einzelnes erscheint, ist alles zugleich ungetrennt und ungeteilt Eins.

Im Alltag geht es um ein Zusammenspiel von Einheit und Vielfalt. Existentiell bin ich ungetrennt Teil der Einheit, damit bin ich mit allem verbunden, das ist die Grundsituation. Zusätzlich wird die Situation als differenzierte Vielfalt wahrgenommen und subjektiv interpretiert. Es kommt aber durch die Erfahrung der Einheit das Wissen dazu, dass die Dinge von sich aus *nackt* sind, die Interpretationen sind subjektive Ergänzungen. Damit ergibt sich ein Freiraum des Umgangs mit zu lösenden Lebenssituationen und alltäglichen Aufgaben. Es gibt das Bewusstsein dafür: Wie ich die Situation erlebe ist meine Interpretation. Meine Aufgabe ist es, mich von den momentanen Interpretationseinflüssen zu lösen, die Dinge, die Situation von ihrer faktischen Seite anzusehen, um diese so objektiv wie möglich zu verstehen und dann dem eigenen Vermögen entsprechend zu handeln.

Voraussetzungen und Grundlagen für die Stille Meditation

1.

Vorüberlegungen für den spirituellen Weg der Stille

Die Ausgangssituation, die zur Meditation führen kann, formulierte Dorothee Sölle aus christlicher Perspektive: »Der Wunsch, ganz zu sein und nicht zerstückelt zu leben, ist als ein ursprüngliches Bedürfnis des Menschen anzusehen; es ist der Wunsch wachsender Liebe, immer größere Einheiten zusammenzubinden. Der individuelle Wunsch, selber ganz zu sein, verbindet sich mit dem Wunsch, das Ganze zu erfahren, seiner ansichtig zu werden, das Tao zu erkennen. Dass Gott sei *alles in allem*, ist die christliche Formulierung dieser Sehnsucht. Nicht nur mein Leben soll erfüllt, ohne Verstümmelung meiner Möglichkeiten sein, alles Leben und das Leben aller.«[230]

Tatsächlich steht am Anfang die Erkenntnis, dass uns etwas fehlt, das wir an etwas leiden. Wir wissen nicht genau, was es ist. Es ist uns ein Rätsel. Wir beginnen zu suchen, was uns fehlt, wissen aber gar nicht, was es ist, was uns zu unserer Ganzheit fehlt. Und doch ahnen wir, dass es ein spirituelles Problem ist.

Konkret ist es oftmals das Leiden am eigenen Leben, das zum Auslöser wird mit der Praxis eines spirituellen Weges zu beginnen.

Der spirituelle *Weg*[231], der zu gehen ist, beinhaltet die Einführung in die Übung (Initiation), geht über Stufen der Erfahrungen und ist ein Versuch der Integration der *Erfahrungen* und mündet in der Individuation genau *dieser* Mensch zu sein.[232] Der Weg ist dabei ein seelischer Prozess. Am Anfang steht die Sehnsucht nach dem Weg, ihn zu finden gilt es, ihn zu gehen ist das Ziel um wirklichen Frieden schließlich zu erreichen.

Zur Grundsituation des Menschen

Der Mensch fragt nach dem Woher und Wohin des Lebens und nach dem Warum, Wozu und Wie. In dieser existentiellen Grundsituation als Fragender sucht er nach dem Sinn des Ganzen und braucht Orientierung und Grundlagen für sein Leben in dieser Welt.

Wir sind mit Geist begabte Geschöpfe. Wir sind unserem Wesen nach Geist und haben ein eigenes Bewusstsein. Die Bewusstheit als Mensch zu existieren, schenkt uns die Möglichkeit zu wissen, dass wir leben und uns als Menschen bezeichnen. *Wir sind Leben inmitten von Leben, das leben will*[233]. Was es bedeutet als Mensch zu leben, wie es möglich ist ein sinnerfülltes Leben zu entfalten, dazu kann der Weg der Meditation wichtige Einsichten liefern.

Ausgangspunkt für *meinen* Denkansatz ist die allgemein anerkannte Erfahrungstatsache, dass ein Leben in Frieden und Zufriedenheit, ein Leben das sich geborgen und geliebt, verstanden und respektiert weiß, erstrebenswert und einem Leben in Hass, Gewalt und Neid vorzuziehen ist.

Dazu, das zeigt die Geschichte der Menschheit, scheint es notwendig zu sein,

a) dass Menschen ein Erfahrungswissen benötigen, das ihnen aufzeigt, wer sie in Wirklichkeit sind, was ihr wirkliches

Wesen ist. Erst wenn Menschen wissen, dass sie ein Teil des Ganzen sind, dass ihr Wesen göttlich ist, werden sie bereit sein die Mitverantwortung für die gesamte Schöpfung anzuerkennen und sich dafür einsetzen;

b) dass sie grundsätzlich bereit und fähig sind, mit ihren Gedanken und Gefühlen umgehen zu können. Menschen müssen die Verantwortung für ihr Denken, Fühlen und Handeln so weit wie möglich übernehmen, das ist der ethische Grundgedanke. Erst wenn der Mensch einen kontrollierten Umgang mit seinem Denken und Fühlen eingeübt hat, scheint es möglich zu sein, so angemessen mit Situationen umgehen zu können, dass Frieden und Gerechtigkeit, Liebe und Achtung im gegenseitigen Miteinander und zur Bewahrung der Schöpfung nachhaltig möglich sind.[234]

c) dass der Mensch bereit ist seine Schattenseiten anzuschauen und in seine Persönlichkeit zu integrieren, damit er bewusst mit seinen Bedürfnissen nach Macht und Geltungssucht umgehen kann, damit er fähig wird mit dem Spektrum der negativen und destruktiven Gefühlen konstruktiv umzugehen.

Da wir Menschen die oben genannten Fähigkeiten und Ziele nur in einem *relativen* Sinn ausbilden können, ist es *notwendig*, auf Grund der immer wieder entstehenden gegenseitigen Missverständnisse, Verletzungen und Enttäuschungserfahrungen mit Hilfe von Achtung und Respekt, von Güte, Mitgefühl und Nachsicht, sich immer wieder zu versöhnen (Versöhnungsarbeit zu leisten), um Beziehungen und das gemeinsame Leben im wiedergefunden Frieden weiter zu gestalten.

Beiträge der Meditation zum Leben

Mit Hilfe der Meditation können wir wertvolle Antworten für das gemeinsame Leben in dieser Welt erhalten: Wir sind eins im Wesen mit allem, wir sind eingewoben in die Einheit Gottes, wir sind von unserem Wesen her geliebt und frei; wir können fähig werden weitgehend über den Umgang mit unserem Denken und Fühlen zu bestimmen. Dies ist jedoch keine einmalige Aneignung sondern eine lebenslange Aufgabe. Meditation leistet damit einen *Beitrag* zu mehr Frieden im Menschen und in der Welt.

Da die Egozentriertheit einem Gelingen dieser Lebenszielsetzung entgegensteht, der Mensch in seiner eigenen Selbstsucht stecken bleibt, ist es notwendig den Weg zu einem inneren wie äußeren Frieden mit Hilfe der Meditation zu versuchen. Menschliche Gewohnheit und Trägheit blockieren dabei gegen jede Einsicht, die Aufnahme eines spirituellen Weges. Der Übungsweg bewirkt eine erforderliche Selbstauseinandersetzung, und eröffnet Erfahrungen der Einheit, die dazu führen, aus Einsicht in die Tiefenstruktur des Lebens die Fähigkeiten zu einem friedlichen Miteinander zu erwerben und deren Umsetzung im Alltag zum Wohle aller und der gesamten Schöpfung zu leben.

Der Meditationsweg eröffnet

a) einen Entdeckungszusammenhang: Zu Beginn scheint die Welt der Vielheit als duale Welt zunächst die einzige Realität zu sein. Mit Hilfe der Meditation scheint dann dieser Welt der Vielheit eine Welt der Einheit gegenüber zu stehen. Erst weitergehendes Meditieren zeigt dann: Die Welt der Einheit und die Welt der Vielfalt ist ein und dieselbe Welt. Diese Erkenntnisse führen

b) weiter zu einem Begründungszusammenhang: Weil diese Welt *eine* Welt ist und jeder Mensch Teil dieser Welt und zugleich diese Welt im jeweiligen Augenblick ist, besteht die natürliche Konsequenz darin, diese eine Welt mitverantwortlich zu gestalten, um darin miteinander, füreinander in Frieden und Freiheit zu leben.

Konsequenzen für das eigene Leben

Wenn jede Lebenssituation einmalig und unwiederbringlich ist, wenn der Mensch immer auch eins ist mit der Situation, obwohl er sich als getrennt wahrnimmt, ergibt sich für das eigene Leben die Option, jeden Augenblick so bewusst wie möglich zu erleben und das Leben so zu entschleunigen, dass ein möglichst intensives Erleben möglich ist. Daraus leitet sich ein allgemeiner Lebensgrundsatz ab: *Weniger ist Mehr, Verzicht ist Gewinn.* Das Leben so zu verlangsamen, dass die Möglichkeit zu bewusstem Erleben eintritt, ist eine wichtige Handlungsmaxime. Nicht wie viel man erlebt ist wichtig, sondern wie achtsam Lebenssituationen erlebt werden, schafft die Grundlage für ein erfülltes Leben. Dann ist es möglich auf Situationen nicht nur zu reagieren oder mechanisch zu agieren, sondern das Leben weitgehend bewusst mitzugestalten.

Zwei Beispiele: Ich kann mechanisch mein Mittagessen einnehmen, einfach essen bis ich satt bin. Dann weggehen ohne wirklich zu wissen wie es geschmeckt hat, was und wie viel ich gegessen habe. Ich bin satt und kann weiterarbeiten, das ist alles, was mir bewusst ist. Oder ich kann mir bewusst eine Tasse Kaffee eingießen, dabei spüren wie ich den Arm ausstrecke und mit der Hand die Kaffeekanne berühre, ich kann spüren wie ich die Kanne hochhebe und den Kaffee eingieße. Wenn die Tasse gefüllt ist, höre ich auf zu gießen und stelle die Kanne zurück. Dann nehme ich einen Schluck aus der Tasse und erlebe den Geschmack, die Temperatur des Kaffees und spüre wie das Getränk durch die Kehle rinnt und ein Wärmegefühl im Bauch auslöst. Dann werde ich gewahr, dass jede klare Bewegung seine Würde besitzt und ich erlebe die wohltuende Wirkung einer Tasse Kaffee, verbunden mit Erholung und innerer Ruhe. Wir haben vergessen, dass unsere Tätigkeiten so einfach, präzise und befriedigend sein können, dass jede Tätigkeit seine eigene Würde und Schönheit besitzt.[235]

Notwendig ist für das eigene Leben immer wieder die Reflexion des *Wesentlichen* für das Leben. Was ist wirklich wichtig für mein Leben? Was ist wirklich wichtig für die Gesellschaft und die gesamte Schöpfung? Wie kann ich meine eigenen Wünsche und Bedürfnisse mit den Notwendigkeiten der Gesellschaft und der Natur zusammenbringen? Wie bin ich möglichst hilfreich und so wenig wie möglich schädlich? Bei aller Reflexion geht es darum, sich mit einem tiefen Vertrauen und großem Engagement auf dieses Abenteuer *Leben* einzulassen.

2.

Meditation als strukturierte Übung

Der Begriff der *Meditation* ist heute nicht mehr ausschließlich durch die biblische Text- oder Bild-Meditation definiert, daher haben sich die Meditations*inhalte* wie auch die Erfahrungs*inhalte* verändert.[236] Am Ende von Teil 1 war das traditionelle Schema in ein zeitgemäßes Modell überführt worden: Tentatio – meditatio – contemplatio – implicatio. Diese Schritte des Übungsweges sind in der heutigen spirituellen Praxis weitgehend im Begriff Meditation verdichtet.

Meditation, wie sie hier verstanden wird, ist die strukturierte Übung einer Weise der Wahrnehmung, die sich im Alltag immer wieder ganz natürlich, automatisch, und unbewusst einstellt, ohne besonders beachtet zu werden. In der Meditation als Übung wird diese natürliche Fähigkeit zur Wahrnehmung bewusst eingeübt. Meditation ist gegenüber dem rationalen Denken eine andere Weise des Erkennens, denn am Anfang steht eine ganzheitliche, nonduale Wahrnehmung dessen, *was gerade ist.* Dieses *Was,* wird erst in einem zweiten Schritt in eine reflektierte Erkenntnis überführt. In diesen Sinn ist aus Meditation gewonnene Erkenntnis etwas Rationales.

Meditation ist der Weg der Versenkung im Sitzen in der Stille. In der unmittelbaren Wahrnehmung kommt es zu einer Entkopplung vom nachrangigen Denken und Fühlen.

In einer leib-seelisch-geistigen Gesamtverfassung gelangt der ganze Mensch mit ganzer Aufmerksamkeit in den Zustand der ichfreien, bloßen (reinen) Wahrnehmung. Was in diesem Augenblick ist, wird ungeteilt mit allen Sinnen erfasst und im

Leib erlebt: Die *Fülle* des *Augenblicks.*

Dafür werden Aufmerksamkeit, Konzentrationsfähigkeit, Atem und Körperhaltung geschult.[237] Die Aufmerksamkeit wird auf den Atem gerichtet, dabei werden Geist – Seele – Körper, der ganze Mensch zu einer Einheit gebracht und die Wahrnehmung wird auf den gegenwärtigen Augenblick konzentriert. Methodisch geht es um die Bewusstseinsfokusierung oder um die Bewusstseinsentleerung (W. Jäger).[238] Nicht intellektuelles Verstehen: Wie funktioniert das? – sondern intuitives Erfassen der Wirklichkeit ist das Ziel, und die Wirkungen, die sich als *Kraft aus der Stille* einstellen: Innerer Frieden, Gelassenheit, Zufriedenheit, Lebensmut, Offenheit, Geborgenheit in Gott, die damit verbundene innere Freiheit, mit wacher Präsenz in der Gegenwart zu leben.

Meditation ist nichts Geheimnisvolles oder gar Esoterisches im Sinne von magischen Kräften und besonderen Zuständen. Sie dient auch nicht der Gewinnung besonderer Fähigkeiten. Der Weg führt in eine ursprüngliche Verbundenheit mit einem Urgrund, den wir aus christlicher Sicht mit *Gott* bezeichnen. Aus der Sicht Gottes ist der Mensch ein göttliches Wesen, das von der Ich-Entgrenzung her leben kann. Es geht nicht darum selbst *Gott* zu werden, sondern in seinen eigenen Grenzen ein unverwechselbarer, einzigartiger Mensch sein zu können. Diesen Urgrund findet man in allem, so dass man sich mit allem, was ist, verbunden fühlt. Man kann *es* in allem, was einem begegnet, in einem Eins-Sein erfahren, weil es jede Verschiedenheit durchdringt.

Die Meditation ist keine *condicio sine qua non*, keine „Bedingung, ohne die (sich) nicht“ eine Seins- oder eine Gotteserfahrung einstellen kann. Meditation ist kein müheloser

Schnellweg, sondern vor allem auch ein Weg der Selbstkonfrontation, der viel Geduld und ausdauernde Disziplin erfordert. Deshalb ist die Klärung der eigenen Motivation immer wieder erforderlich. Entschlossenheit für den Weg der Meditation ergibt sich aus dem Zusammenwirken der Sehnsucht nach dem Ankommen in der eigenen Wirklichkeit und dem Vertrauen in die Übung der Stille, deren Wirkung man ahnt. Die Übung zielt letztlich auf den Alltag, auf das ganz normale Leben. Die absolute Wirklichkeit, Gott, ist ungetrennt vom alltäglichen Leben: Es geht nicht darum, die Übung der Stille auf den Alltag wirken zu lassen, sondern der Alltag ist die Fortsetzung der Übung und die Integration der Stille-Erfahrungen in den Alltag.

3.

Voraussetzungen und Motivationen für die spirituelle Übung

Für die Meditation als Übungsweg sind einige Voraussetzungen für Interessierte zu beachten:

Aus medizinischer und psychotherapeutischer Sicht ist eine stabile Ich-Struktur eine wichtige Voraussetzung. Sie dient als »als Basis von Sicherheit, Vertrauen, Mut zum Loslassen, zum Aufgeben von Verhaftungen an äußere Werte, an Triebe und Bedürfnisse, an das ichhafte Zentriertsein.«[239] Für die Übenden ist zu beachten, dass spirituelle Disziplinen kein Therapieersatz sind.[240] Darüber hinaus ist für den Übungsweg ist eine ethische Grundhaltung selbstverpflichtend.

Menschen, die Meditation als spirituelle Übung für sich wählen, sollten diese Voraussetzungen zuerst für sich selbst abklären und dann mit dem Leitenden eines Einführungskurses besprechen.

Eine Grundlegende Voraussetzung für den spirituellen Übungsweg besteht weiterhin darin, sich über die eigene Motivation für einen spirituellen Weg Klarheit zu verschaffen. Einige zentrale Motive, die immer wieder benannt werden, sind: Zur Ruhe kommen (Entspannung, Stressabbau); die eigene Zerrissenheit überwinden, inneren Frieden zu finden und gelassener zu werden; Antworten auf religiöse Fragen suchen, Gott selbst erfahren wollen; die Frage klären: Wer bin ich?; einen letztgültigen Sinn und Grund im Leben finden, um mit den existentiellen Problemen von Leid, Krisen, Krankheit und Tod umgehen zu können; die Sehnsucht nach einer letzten Geborgenheit und Ganzheit stillen.

Abschließend sei noch auf einige problematische Zugänge zur Meditation aufmerksam gemacht: Das Ziel der mystischen All-Verbundenheit oder All-Einheit kann als narzisstische Hybris missbraucht werden. Sie dient dann nur der Stabilisierung des Egos und überdeckt den Wunsch als heilig und besonders gut angesehen zu werden; Meditation kann zur bloßen Leistungssteigerung genutzt werden.

4.

Ziele der Meditation

Meditation soll unsere bisherige egozentrische Sichtweise auf uns selbst, die Welt und auf Gott transformieren. Die Erfahrung der Einheit der Wirklichkeit führt zu einem neuen Wissen, was wir im *Grund* sind, was unser *Wesen* ist. Wobei Grund oder Wesen nichts Statisches, nichts Substantielles meint, sondern das sich ständig wandelnde, das ständig schöpferische Nichts: Gott. Die Erfahrung eins zu sein mit dem Urgrund, mit Gott, ermöglicht eine veränderte Sicht auf uns selbst und eröffnet eine neue Einstellung und eine neue Beziehung zur Welt, d.h. zur ganzen Schöpfung. Meditation soll uns zu einer klaren Sicht der Wirklichkeit verhelfen: Die Wirklichkeit genauso wahrzunehmen, wie sie im Alltag tatsächlich ist. Gleichzeitig leistet die Meditation einen Beitrag zur Persönlichkeitsentwicklung. Im Prozess der Selbsterfahrung während des Übens kann die eigene Biografie mit einfließen und Antworten und Neuorientierungen gefunden werden.

Wichtig ist: Die Stille Meditation löst nicht unsere Lebensprobleme, sie lässt uns aber hilfreicher damit umgehen. Wir erhalten mehr Zutrauen uns auch den Dingen zu stellen, die uns Angst machen. Die Stille selbst kann nie wirklich ausgelotet werden. Die Stille ist größer, weiter und tiefer als das, was erfahren werden kann. Jede spirituelle Erfahrung ist in sich begrenzt. Sich in die Stille einlassen ist und bleibt ein lebenslanger Prozess. Deshalb kommt die Übung auch zu keinem Ende.

Ziel der Meditation ist nicht eine Höhen-Erfahrung zu machen, um diese anschließend stolz in seinem Ego zu verbuchen, sondern sich der Aufgabe zu stellen, spirituelle Erfahrungen in die alltäglichen Lebensvollzüge zu integrieren. Der Lebensweg *in* und *mit* Gott ist noch wichtiger als die *Hinreise zu* Gott. Es geht nicht vordergründig darum Erfahrungen zu machen und zu haben. So wichtig Seinserfahrungen auch sind. Das Ziel ist vielmehr die Ebene der Erfahrung zu einer Grundhaltung des eigenen Lebens transparent werden zu lassen, von dieser Ebene her zu leben. Meditative Erfahrung vermitteln Einsichten, diese müssen dann im Alltag integriert und verwirklicht werden. Vom *Haben* einer Erfahrung geht der Weg zum immer klareren *Sein* dieser Tiefendimension des Lebens.

Die Wirkungen und Ziele der Meditation können unter vier Gesichtspunkten betrachtet werden:

1. Die Leib-Ebene

Die Basis der Übung ist der Leib. Der Leib wird verstanden als die untrennbare Einheit von Geist – Seele – und Körper. Das erste Ziel in der Meditation besteht darin, wieder in einen guten Kontakt zu sich selbst im eigenen Leib zu kommen. Durch die achtsame Wahrnehmung des eigenen Körpers, durch das bewusste einnehmen der Sitzhaltung kommt der Mensch in einem ersten Schritt aus der Zerstreuung zu sich zurück, spürt sich, wie er in seiner körperlichen Verfasstheit gerade da ist. Er bringt sich körperlich in eine klare Struktur, schafft leibliche Ordnung. Damit ist er physisch an einem Ort verankert und kann sich mit Hilfe der Aufmerksamkeit bei sich selbst versammeln und bekommt dadurch ein Gespür für ein bewusstes Da-Sein im Leib. Diese Erfahrung in der Meditation kann dann im Alltag immer wieder genützt werden um sich im Hier und Jetzt immer wieder körperlich zu zentrieren. Die

Zentrierung in der Leibmitte (Hara)[241] bewirkt eine Präsenz des ganzen Menschen. Dies ist die Voraussetzung um seelisch wie geistig selbstbewusst als Person in der Welt zu sein.

2. Die psychische Ebene

Ein zentrales Ziel ist es, aus der Gespaltenheit und Zerstreutheit wieder mit sich selbst in Kontakt und damit zu sich selbst zu kommen. Daraus resultiert eine größere mentale und emotionale Stabiliät.

Der Mensch glaubt, dass er nur durch die eigene Ich-Begrenzung seiner selbst bewusst sein kann. Er weiß nicht, dass das Bewusstsein sich seiner selbst bewusst ist, um sich selbst schon weiß. Deshalb klammert der Mensch sich an seine konstruierte Ich-Funktion. Mit Hilfe der Meditation kann die Isolierung des „Ich" aufgehoben und überwunden werden und damit der übliche Drang zur Ich-Bestätigung und Selbstinszenierung. Der Zweifel, der in der Frage „Wer bin ich?" steckt, führt durch die Meditation zum loslassen Können und immer mehr in das Vertrauen kein isoliertes Ich-Atom zu sein, sondern zur Erfahrung und Erkenntnis verbunden zu sein mit allem, was ist. Indem man immer mehr zum inneren Frieden findet, kann sich eine altruistische Liebe entfalten, die nicht nur den Nächsten wahrnimmt, sondern offen ist für die ganze Schöpfung. Diese Entschlossenheit zum Mitsein mit der ganzen Schöpfung ist ein wichtiger Aspekt der Meditation. Das Wissen um das Eins-Sein mit allem führt zur aktiven Mitgestaltung des gemeinsamen Lebens. Liebe und Mitgefühl werden als Grundlage wirklichen Glücks erkannt. In der Meditation geht es immer um die gleichzeitige Entwicklung von geistiger Klarheit und von Herzensgüte. Beide Aspekte gehören untrennbar zusammen. Die einseitige Schulung der geistigen Klarheit schafft sonst eine gefühllose Kälte.

Die Befreiung von den erworbenen Konditionierungen und Fixierungen, das Erkennen von Lebenskonzepten, helfen, sich von der Vergangenheit zu lösen. Wir werden offener für die Welt und können sie immer wieder frisch wahrnehmen und damit neue Möglichkeiten entdecken.

Die Persönlichkeit, der Charakter, bleibt auch nach tiefen Meditationserfahrungen erhalten. Das ist oft ein Missverständnis: Es ist nicht die Erfahrung, die den Menschen automatisch verändert. Vielmehr können die zum Charakter geronnen Lebensmuster in der Meditation deutlicher erkannt (Identifikation) und durchgearbeitet (Desidentifikation) werden, um schließlich mitfühlender und gelassener zu werden. Die spirituelle Erfahrung verändert, insofern sie ernst genommen wird, die Einstellung zum Leben auf Grund der Verankerung des eigenen Lebens im Wesensgrund und der zunehmenden inneren Erfahrung von Frieden, Geborgenheit und Zufriedenheit; die Angst vor dem Tod ist weitgehend aufgehoben durch die innere Gewissheit der Unzerstörbarkeit des Wesens.

Auch die ethische Einstellung und ein ausgeprägteres Verantwortungsgefühl muss der Mensch als Auftrag übernehmen und sich darin einüben. Auch wer die Liebe in Fülle erfahren hat, übernimmt nicht automatisch diese Erfahrung in die eigene Verantwortung.

Die Meditation bewirkt eine Auseinandersetzung mit negativen Gefühlen (Angst, Wut, Verzweiflung, Scham, Schuld, Einsamkeit) und dem eigenen Schatten. Die Auseinandersetzung mit dem Schatten entspricht der via purgativa (Reinigung) in der Mystik. Nichts wird verdrängt. Ein Ziel ist es heilsam mit seinen lebensgeschichtlich erworbenen Verletzungen, aber auch seinem nicht gelebten Leben, umgehen zu lernen, indem man Erinnerungen, Gefühle da sein lässt, sie geduldig und liebevoll anschaut, dabei beim Atem im stillen Schauen bleibt, ohne zu bewerten, ohne aktiv einzugreifen; nicht ausweicht, sondern die Spannungen aushält. Dadurch entstehen ein neues Verstehen der Vergangenheit, der Gefühlsinhalte und ein Einordnen in die eigene Lebensgeschichte. Das eröffnet die Möglichkeit mit dem eigenen Denken und Fühlen distanzierter umgehen zu können.

Der Schatten ist allgemein Ausdruck des Verlustes an Eins-Sein und Ganzheit im Laufe der Entwicklung. Beim *persönlichen* Schatten geht es um die Begegnung und Annahme der Anteile, die nicht als zu einem gehörig gesehen werden wollen: Die Idealbilder und die Vorstellungen, wie wir nicht sein wollen oder sollen. Die Meditation bringt auch in Kontakt mit dem ganzen Spektrum der negativen Gefühle. Damit wird das bisherige Selbstbild einer gründlichen Prüfung unterzogen und daraus entsteht die Chance zur Veränderung. Die Teilhabe am *kollektiven* Schatten, d.h. am Schatten unserer Gesellschaft, lässt die Kompensationsmechanismen der verlorenen Ganzheit weiter deutlich werden. Sie drücken sich aus im „immer mehr haben müssen“ um sich vollständiger zu fühlen, im „immer mehr wissen müssen“ um das Geheimnis unseres Wesensgrundes zu entschlüsseln, im „immer mehr können müssen“ um Macht und Kontrolle über das Dasein zu gewinnen, um zu einer Einzigartigkeit zu finden, die immer mehr das Gefühl gibt, vollkommen zu sein. Sich unserer kollektiven Maske zu stellen ist eine langfristige Aufgabe, in der man sich der Selbsterkenntnis immer mehr zu stellen wagt: Ja, so bin ich. Indem gelernt wird diese Spannung auszuhalten, kann sich die Freiheit vermehrt einstellen, nicht so sein zu müssen.

Einige psychische Wirkungen der Meditation: »Entspannung, Ruhe, Gelassenheit, ... erhöhte Stresstoleranz, Aktivität und Wachheit, Selbsterfahrung (-identität, -integrität, -akzeptation), Unabhängigkeit, Autonomie, geringer Druck zur Defensive, erhöhte Toleranz, größere Stimmungsstabilität und Affektkontrolle, harmonische, heiter-gelassene Zufriedenheit, verbesserte Wahrnehmung und Konzentration, ... Leistungsfähigkeit, Kreativität, verbesserte Beziehungsfähigkeit.«[242]

Heil- und ganz-werden heißt nicht im normierten Sinn gesund zu werden, sondern mit seinen körperlichen, seelischen und geistigen Defiziten leben zu lernen, mit den eigenen Begrenzungen sich dennoch heil und ganz zu erleben. Die Chance besteht sich im Prozess der Stille-Übungen seinen lebensgeschichtlich erworbenen Verwundungen, seinen unaufgearbeiteten Erfahrungen zu stellen.

Auch der Mensch mit langjähriger Meditationserfahrung wird weiterhin Schmerz, Leid, Krankheit, Wut und Trauer erleben, aber er wird bereiter sein, diese Situation anzunehmen und aus einer inneren Distanz hilfreicher damit umzugehen lernen.

3. Die soziale und ökologische Ebene

Die Erfahrung der Einheit ist kein Selbstzweck, sie ist auch keine private Erlösung. Die Erfahrung der Einheit eröffnet nicht nur eine Sichtweise auf sich selbst, sondern sie ist auch die Grundlage der Beziehung zu anderen Menschen und der gesamten Schöpfung. Wenn die Wirklichkeit eine Einheit ist, dann ist der andere auch ich und ich bin auch der andere und die gesamte Schöpfung ist ein Teil von mir. Deshalb ist die Bereitschaft zur Übernahme der Mitverantwortung für andere wie für die Welt eine zentrale Folge der spirituellen Einheitserfahrung. Andernfalls bleibt auch der Erfahrene im eigenen Ego stecken. Die Beziehung zum Anderen, die Teilhabe an der Gemeinschaft, Nächstenliebe und Mitgefühl gehören wesentlich zum spirituellen Weg. Deshalb sind soziales Engagement, die Übernahme eines Ehrenamtes, wichtige Ergänzungen zur meditativen Praxis. Es ist der aus der spirituellen Erfahrung zuwachsende Mut, der uns zur tätigen Nächstenliebe befreit. Mut im Sinne von Courage leitet sich her von *cor-agere*, also mit dem Herzen handeln.

4. Die spirituelle Ebene

Die Stille-Übung macht heil, indem erfahrbar wird, dass der Mensch, so wie er ist, zum Ganzen gehört, zu Gott; so wie er ist, ist er eins in Gott und mit Gott. Durch die Erfahrung des Eins-Seins entsteht das Bewusstsein der All-Einheit. In solcher Erfahrung wird gewiss, dass der eigenen Person nichts hinzugefügt und nichts von ihr weggenommen werden muss oder kann. Jeder ist in seinem *Sosein* ganz und heil, d.h. er ist vollkommen, obwohl er nicht perfekt ist. Jeder Mensch ist nichts anderes als Teil des Ganzen; dieses Ganze ist Gott. Dies ist unendlich mehr als jedes getrennte Einzelne. In der Erfahrung des Eins-Seins ist der Mensch eins mit dem Ganzen.

Dennoch bleibt die Aufgabe immer weiter zu üben eine lebenslange Aufgabe. Denn es geht im Leben darum, ganz Mensch zu werden und zu sein, jeder in seinem Maß. Die Verwurzelung in *Gott* erschließt den eigentlichen Sinn menschlicher Existenz und gibt Geborgenheit inmitten einer Ungeborgenheit der Welt. Denn es gibt die Erfahrung des eigenen göttlichen Wesens, das sich in den Erfahrungsqualitäten von Stille, Frieden, Eins-Sein mit allem ausweist.

Praxis der Stille Meditation

Die Übung ist, sich still werden zu lassen. Das bedeutet, die Stille, die schon immer da ist, wahrzunehmen. Das ist alles. Die Übungspraxis ist das Still-Sitzen.

1.

Durchführung der Übungen

Sitzen (Zazen): Für die Übung ist lockere und bequeme Kleidung geeignet. Die eingenommene aufrechte Körperhaltung ermöglicht die größte Entspannung und innere Sammlung. Haltepunkte sind dabei: Beine, Becken, Wirbelsäule, Hände, Schultern, Kinn, Blick. Das Sitzen wird auf einem Stuhl, auf einem Sitzbänkchen, auf einem Sitzkissen in aufrechter Sitzhaltung geübt. Dabei sind die Knie etwas tiefer als das Becken. Das Becken ist leicht nach hinten abgekippt, so dass man vor den Sitzhöckern sitzt. Das dient der Stabilität, die Wirbelsäule richtet sich ganz natürlich auf. Die Wirbelsäule ist dabei nicht steif, wie mit dem Gefühl von einem Stock im Rücken. Vielmehr ist der Oberkörper elastisch aufgerichtet, leicht nach vorne gebeugt. Die Schultern hängen locker und die Hände ruhen auf den Oberschenkeln oder bilden ineinandergelegt eine Schale, wobei sich die Daumen leicht berühren. Das Kinn ist leicht zurückgenommen, dabei entsteht eine leichte Spannung im Nacken. Der Mund wird leicht geöffnet. Die Augen können geschlossen bleiben oder der Blick ruht in einiger Entfernung auf dem Boden. Die Atmung fließt frei im eigenen Rhythmus. Die Atmung sollte eine Bauchatmung sein.

Nach dem Einnehmen der Sitzhaltung schwingt man sich mit leichten Kreisbewegungen vom Becken her ein und kommt dann zur Ruhe. Zu Beginn der Meditation nimmt man ein paar tiefere Atemzüge und überlässt sich dann dem eigenen Atemrhythmus. Während der Übung ist es erforderlich, sich den eigenen Sitz immer wieder bewusst zu machen und ihn zu überprüfen.

Zu Beginn jeder Übung ist es wichtig nach dem Einnehmen der Sitzhaltung Kontakt zum Körper aufzunehmen, sich zu spüren, mit allen körperlichen Empfindungen, offen zu sein für alle Gefühle und Gedanken, in einer freien Aufmerksamkeit wahrnehmen was ist. Dann kann mit einer der nachstehenden Übungs-Methoden die Stille-Übung durchgeführt werden.

Übungsmethoden

W. Jäger unterscheidet ausgehend von der christlichen Tradition zwei Grundformen.[243]

Die Methode der *Bewusstseinssammlung* kann den Fokus der Wahrnehmung unterschiedlich zentrieren:

a) Der Übende folgt dem Atem, oder er zählt die Atemzüge. Die innere Haltung ist dabei: Nicht ich atme, sondern es atmet; man folgt aufmerksam dem Atem wie er kommt und geht. Dabei können auch die Atemzüge, jeweils bei der Ausatmung, gezählt werden (von 1-10). Das Zählen kann als inneres Tönen praktiziert werden.

b) Der Übende kann auch den Fokus auf die Hände legen und immer wieder die Aufmerksamkeit auf die Hände lenken und die Hände spüren.

c) Er kann den Focus auf ein Wort konzentrieren (Frieden, Liebe, Schalom, Jesus/Christus). Der Übende ist dabei das Instrument auf dem das Wort als Ton erklingt.

d) Es können aber auch, besonders für die Übung im Alltag alle Sinne Objekte der Meditation sein: Das Sehen, Hören, Riechen, Schmecken und Tasten.

Die Methode der *Bewusstseinsentleerung* lässt die Wahrnehmung offen als freie Aufmerksamkeit als Schauen in den Grund, als Schauen in das nackte Sein:

> Der Übende lauscht in die Stille, er spürt in den ganzen Raum (360 Grad) hinein, nimmt alle Geräusche, Geschehnisse in sich auf: *Ich höre, spüre, erfahre die stille Präsenz.* Sobald ein Gedanke erscheint, lässt er diesen wieder los, kehrt zum Lauschen und Spüren zurück. Dieses ohne Anstrengung und Erwartung nur Dasein, erfordert eine lange Übung bis es gelingt mühelos präsent zu sein. Ziel ist das Freiwerden von allen Bewusstseinsinhalten, von allen Bilder, Vorstellungen, Worten durch das Schauen und Lauschen nach innen. Wahrgenommen wird alles ohne die Unterschiedenheit des Einzelnen.

In der Meditation sollen alle Erwartungen, Konzepte, Konditionierungen, Gedanken und Gefühle, Vorstellungen losgelassen und aufgelöst werden. Aufmerksam zu sein, bewusst im Augenblick zu sein sind Grundeinstellungen in der Übung; der Mensch kann nicht die Erfahrung der Einheit *machen*, er kann sich ihr nur öffnen, jenseits von allem Wollen und Können.

Zeitwahl: Jeder Übende steht zunächst vor dem Problem für sich ein Zeitfenster zu finden, um eine tägliche Übungszeit festzulegen (frei von Telefon und anderen Medien). Für den

Anfang kann es genügen eine regelmäßige Übungszeit von 10-15 Min. in den Tagesablauf zu integrieren. In dieser Zeit sollte man nicht gestört werden. Die gewählte Übungszeit sollte positiv erlebt werden können und ohne größere Schmerzempfindungen und Ablenkungen durchgehalten werden. Es ist sinnvoller regelmäßig zu üben als unregelmäßig Übungszeiten zu verdichten. Der frühe Morgen oder auch der Abend bieten sich als mögliche Zeiten am ehesten an. Nach und nach sollte die Übungszeit auf 25 Min. erhöht werden, da für die Teilnahme an Sitzgruppen oder für Übungswochen in Meditationszentren diese Übungszeit üblich ist. Für die Übung im Alltag ist es wesenlich immer wieder kürzere Meditationen von ein bis drei Minuten einzufügen, um durch diese inneren Sammlungen die eigene Präsenz zu stabilisieren und mehr in den Alltag zu integrieren.

Raum: Den Sitzplatz so einrichten, dass eine ruhige Atmosphäre herrscht und akustische Störungen weitgehend vermieden werden. Der Raum sollte gut gelüftet und die Beleuchtung sollte nicht zu hell sein. Eine leichte Decke kann um die Schultern gelegt werden, für die Füße sind warme Socken angenehm. Für die eigene Motivation lohnt es sich den Sitzplatz persönlich zu gestalten, mit einer Kerze, einer Blume oder einem Bild. Diese Gestaltung des Ortes der Stille und jede Sitzeinheit mit einem Ritual der Verbeugung zu beginnen, trägt zu einem regelmäßigen Üben bei.

Meditatives Gehen (Kinhin): Das Gehen ist Meditation in Bewegung. Es kann für sich alleine geübt werden, zu Hause nach einer Sitzrunde oder draußen während eines Spazierganges. Es gibt für die Körperhaltung ganz unterschiedliche Möglichkeiten. Die folgende Beschreibung ist ein Vorschlag:

Man steht zunächst aufrecht, die Arme können locker herunterhängen oder die Hände werden in Brusthöhe übereinandergelegt, und die Daumen berühren sich. Man geht in kleinen Schritten, rollt die Füße bewusst ab und setzt sie mit den Fersen wieder auf. Der Atem fließt ruhig und frei und man bleibt während des Gehens in seiner Übung. Die Gehmeditation wird mit einer leichten Verbeugung abgeschlossen.

2.

Probleme und Schwierigkeiten während der Übung

Die Erwartungshaltung bestimmte Erfahrungen machen zu wollen ist ein sich immer wieder einstellendes Handicap in der Übung. Wir können uns nur öffnen, um wahrzunehmen was sich von sich aus einstellt. Jede Übung ist anders. Jede Erfahrung ist einmalig. Die Qualität der Stille ist nicht machbar. Häufig ist die Stille angenehm, wohltuend. Manchmal scheint es so zu sein als wäre nur Unruhe da und gar keine Stille. Es können sich immer wieder *Seinsfühlungen* einstellen und ganz selten wird sich im Übungsleben eines Suchenden ein Durchbruch zum Wesen, eine *Seinserfahrung*, ereignen. Wichtig ist es diese Erfahrungen mit einem erfahrenen Lehrer zu klären, um sie gut integrieren zu können.

Jeder beginnt mit dem Körpererleben und der seelischen *Haltung* zu üben, die er biografisch mitbringt. Es gibt Menschen, die sich anfangs überfordern, andere haben die Neigung, sich zu schonen, wieder andere finden aus der ständigen Situationskontrolle nicht heraus. Es kann aber auch sein, dass sich Anfänger sehr schwer tun und kaum Fortschritte erkennen. Es stellt sich kaum Ruhe ein, die Gedanken stehen nicht still, die Gefühle wühlen immer wieder auf, man spürt deutlich körperliche Schmerzen, weil die Körperhaltung ungewohnt ist. Auf drei Sackgassen gilt es aufmerksam zu sein: Man kann sich an die Stille klammern wollen; man kann versuchen mit Hilfe der Ruhe der Alltagsrealität zu entkommen, weil in der Ruhe Belastungen weiter weg rücken; die Diskrepanz zum Alltag wird deutlicher empfunden, so dass man sich nach dem Schonraum der Stille sehnt; man kann versucht sein die innere Ruhe, die man in der Übung aufbaut mit nehmen zu wollen, weil man sich darin stabiler fühlt. Die Müdigkeit bzw. Schläfrigkeit erfordert eine eigene Aufmerksamkeit. Es kann sein, dass man einfach nur müde ist von der Arbeit; Schläfrigkeit kann aber auch ein Hinweis darauf sein, dass man einem Problem, das sich in der Stille zeigen möchte, auszuweichen versucht. Die bewusstere Körperwahrnehmung, bewussteres Atmen können helfen, die Müdigkeit zu überwinden.[244]

Schmerzen in den Beinen oder im Rücken sind zu beachten. Sie sind anfangs Ausdruck dafür, dass es eine ungewohnte Sitzhaltung ist. Sie können ein Hinweis darauf sein, dass die Atmung zu flach ist oder zu sehr im Brustkorb stattfindet.

Allgemein wird erwartet, dass in der Stille keine Gedanken da sind. Tatsache ist, dass sich eine Fülle von Gedanken ungefragt einstellen. Der Gedankenstrom zirkuliert wie das Blut im Kreislauf. Man kann ihn nicht stoppen, aber man kann aufhören sich dagegen zu wehren. Die Gedanken kommen und gehen. Es geht darum, sie unkommentiert vorbeiziehen zu lassen. Der Übende ist nur Zeuge für die kommenden und gehenden Gedanken. Wichtig ist, keine Geschichten daraus entstehen zu lassen. Eine wichtige Einsicht besteht darin, zu erkennen, dass ich nicht meine Gedanken bin.

Gleiches gilt für den Umgang mit Gefühlen und Stimmungen. Mit Gefühlen und Stimmungen sind wir stark identifiziert. Sie können sehr heftig und beharrlich sein. Positive wie negative Gefühle stellen sich in der Stille ein, doch es gilt sie nicht festhalten zu wollen. Weil wir uns in der Meditation weiter öffnen, ermöglichen wir auch Zugang zu Gefühlen, denen wir uns normalerweise eher verschließen. Wichtig ist alles zuzulassen ohne es zu bewerten oder zu verdrängen, sich allem aufmerksam und freundlich zuzuwenden. Wir erleben die Gefühle und Stimmungen wie sie von sich aus sind, wir schauen sie uns geduldig an und geben ihnen einen Namen (Wut/Angst/Scham/Traurigkeit) als Zeichen dafür, dass wir sie angenommen haben. Wir müssen uns von der Vorstellung lösen, dass die Stille-Übung störungsfrei verlaufen müsste. So bedrängend die Gefühle auch sein mögen, der Zeuge, das Schauen selbst bleibt davon frei. Es stellen sich während des Übungsweges neben sehr positiven Erfahrungen aber auch Zeiten des scheinbaren Stillstands oder Wüstenzeiten ein, es gilt durchzuhalten und geduldig weiter zu üben.[245]

3.

Der Alltag als Übung

Heilig ist der Augenblick –
das wirkliche Sakrament ist das Hier und Jetzt

Ein Grundproblem im Alltag besteht darin, dass viele Dinge automatisch und unbewusst getan werden. Nur, dann läuft das Leben weiter, ohne dass man selbst bewusst daran teilnimmt. Der Mensch bleibt von seinem Lebensvollzug distanziert. Es ist wie beim Autofahren, wir schalten, bedienen Gas- und Bremspedal, wissen aber gar nicht wie wir an den anderen Ort gekommen sind. In dieser Verfassung erleben wir unser Leben nicht, weil wir nicht wirklich gegenwärtig sind. Konzentriert und achtsam zu handeln hilft uns präsent zu sein im Lebensvollzug des Augenblicks; wir sind dann wirklich in der Situation gegenwärtig.

Eine Möglichkeit präsenter zu sein, besteht darin, immer wieder Unterbrechungen in den Alltag einzubauen. Darin dann Momente einzufügen, in denen man innehält, nichts tut. Dieses Innehalten lässt einen zu sich kommen: Im Stillstehen den Kontakt der Füße zum Boden wahrnehmen und damit die Verbundenheit zum Grund. Im Stehen den Raum um sich wahrnehmen und damit die Verbundenheit zur Weite spüren. Es geht darum, ungeteilt dieser Augenblick zu sein.

Der Alltag ist der eigentliche Übungsweg. Die spirituellen Erfahrungen sollen hier in die eigene Person integriert werden und die Entwicklung »*sollte sich im Alltag bewähren, in Haltung, Ausdruck, Atmosphäre, sozial wertvollen Wirkungen.*«[246]

Ziel ist es, das offene Gewahrsein im Alltag präsent halten zu können.

Hier im schlichten Lebensvollzug ist der Ort der Bewährung der Erfahrungen in der Stille. Die Alltagsdinge zu achten, zu schätzen, allem und jedem mit Respekt zu begegnen und zu behandeln, das ist das wirkliche Übungsfeld im Sinne der *Diakonie* – als einander dienen – gegenüber der ganzen Schöpfung, aus dem Erfahrungswissen heraus: Alles ist Eins, alles ist Teil dieses Einen. Ohne den Schritt des tätigen Mitgefühls und der Solidarität mit den Bedürftigen bleibt der Übende in einem spirituellen Egoismus stecken.

Gegen die sich immer wieder einstellende Trägheit und Gewohnheit, gegen alle Veränderungseinsichten sind Motivation, Geduld und Ausdauer immer wieder zu erneuern. Die Erfahrungen in der Stille, der gewonnene innere Frieden können die Kraft zu einem Leben aus der Haltung der Nächstenliebe geben.

Die Entwicklung der Fähigkeit zur Muße mit Hilfe der Meditation schafft Zeit, um im Alltag die eigenen Fähigkeiten besser entfalten zu können, sie schafft ein Mehr an Leben. Zeit wird gewonnen für Freundschaft, Familie, Freizeit. Auch die politische und ökologische Mitverantwortung als Bürger wird klarer. Im mitmenschlichen Bereich wird die Aufgabe der Fürsorge füreinander spürbarer. Ein Klärungsprozess ermöglicht ein Nachdenken darüber, was wirklich wichtig im Leben ist, und hilft entsprechende Entscheidungen in den beruflichen und privaten Lebensbereichen zu treffen. Insofern führt der Alltag, der meditativ gelebt wird zu einer Entschleunigung[247] des Lebens, erhöht die Eigenzeit[248] und beinhaltet damit eine sozialpolitische Dimension.

Zur Bewährung im Alltag merkte Meister Eckhart kritisch zu spirituellen Erfahrungen an: »Wüssten sie bei einer echten mystischen Vision wie der des Apostels Paulus, also nicht nur während eines frommen Gefühls oder einer subjektiven Vision, dass es noch einen Kranken gebe, der einen Teller Suppe brauchte, dann wäre es besser, die Himmelserhebung zu lassen und dem Armen Suppe zu bringen.«[249]

Einen sehr eindrücklichen Aufruf zur Präsenz im Alltag gibt M. Buber in seinen autobiografischen Fragmenten. Hier beschreibt er wie er an einem Morgen *religiöser* Begeisterung Besuch erhielt von einem jungen Mann. Er unterhielt sich zwar aufmerksam mit ihm, unterließ es aber, nach dem wirklichen Grund seines Besuches zu fragen. Später erfuhr er von einem Freund, der junge Mann lebe nicht mehr und dass dieser junge Mann wirklich schicksalhaft zu ihm gekommen wäre. Dies löste in ihm eine Wende aus. Er gab die religiöse Ekstase auf und konzentrierte sich ganz auf den Alltag, um so weit es ihm möglich war, auf die Ereignisse in der eigenen Verantwortung zu antworten. [250]

K. Dürckheim sah den Alltag als wichtigste Übung und als Feld der Reifung des Menschen. »Im alltäglichen Tun geht es darum, *unter* den jeweiligen Bedingungen der augenblicklichen Situation zu bezeugen, was in der Stille der besonderen Übung in Reinheit gespürt und geübt wurde.«[251] Auch für ihn gehört unter anderem eine *dienende, von der Sache erfüllte Gesinnung* dazu.[252] Dieses Üben gilt in persönlichen Beziehungen, am Arbeitsplatz, zu Hause wie in der Freizeit: Achtsam und präsent das so gut wie möglich tun, was im jeweiligen Augenblick zu tun ist, gleich ob es sich um den Teller dreht, der in die Spülmaschine geräumt wird, ob es darum geht, sich mit einem andern Menschen auszutauschen, oder ob es sich um eine berufliche Aufgabe handelt.

Im Lebensprozess geht es im Alltag darum, die Unterscheidung zwischen einer *vita activa* und einer *vita contemplativa* in einer dritten Form, in der Einheit von beiden, aufzuheben. Damit wird der Alltag zum Lebensvollzug von Augenblick zu Augenblick, denn wir leben und handeln nur in der momentanen Situation des gegenwärtigen Augenblicks.

Wenn die Grundfragen des Lebens durch die Erfahrung der Einheit gelöst sind, dann kann sich der Mensch mit ungeteilter Aufmerksamkeit dem Alltag[253] zuwenden und das tun, was gerade zu tun ist: Beim Lösen einer Fahrkarte, beim Einschlagen eines Nagels in der Wand, gibt es keine Eile, keinen Grund etwas zu versäumen.

Getragen von innerer Zufriedenheit und Ruhe gilt es das so gut wie möglich zu tun, was die Situation erfordert. Es ist keine Selbstgenügsamkeit, sondern ein Leben in Mitverantwortung.

4.

Risiken und Gefahren der Meditation

Der Psychiater C. Scharfetter[254] hat auf mögliche psychische Probleme für Meditierende hingewiesen. Voraussetzung für die Meditation ist eine stabile Psyche. Treten Störungen nur vorübergehend auf, kann mit Hilfestellungen weiter geübt werden, doch müssen diese Irritationen auf jeden Fall im Gespräch mit einem Kursleiter abgeklärt werden. Sind die Störungen gravierend ist die Übung auszusetzen und es muss eine medizinische bzw. therapeutische Klärung erfolgen. Als Kontraindikationen gelten nach neueren Forschungen: Posttraumatische Belastungsstörungen oder akute Psychosen.[255]

Für Interessierte ist es wichtig, die Qualifikation von Meditationslehrern einzuschätzen. Dazu gehört die Beurteilung der Qualifikation für die Unterrichtsbefähigung und der dazu gehörenden Kompetenz, wie auch das Vertrauensverhältnis zum Kursleiter.[256]

Ausblick

Im Hinblick auf das Thema Meditation lohnte sich die Verknüpfung mit der eigenen, lutherischen Tradition, um, trotz deutlicher Änderungen eine Kontinuität in der *Sache* zu erreichen. Als zentrales Bindeglied erwies sich die ›Stille‹ als Weg zu Gott, zum Urgrund allen Seins.

Die Tradition in der Luther stand, verwendete die Begriffe Mystik und mystische Erfahrung, da es hier immer unmittelbar um Gotteserfahrungen ging. Der Begriff Spiritualität wird für die Beschreibung der modernen Form der Meditation verwendet, da heute die *Grund*erfahrung der Meditation nicht unbedingt als Gotteserfahrung bezeichnet werden muss, sondern erst im Kontext der je eigenen religiösen Sozialisation als Erfahrung Gottes gedeutet werden kann.

Die *Grund*erfahrung ist zunächst frei von einer Zuordnung zu einer bestimmten Religion und Theologie; sie bezieht sich auf eine allgemein menschliche Erfahrungsmöglichkeit in der Meditation. Diese Offenheit wird durch die Metapher der *Stille* für diese Meditationsform repräsentiert.

Damit sind heute zwei Zugangswege zu Erfahrungen des Glaubens möglich: Ein Weg, der sich aus der Tradition herleitet und ein weiterer Weg, der sich aus einer zunächst weltanschaulich offenen spirituellen Haltung ergibt und dann wieder durch die Interpretation in die eigene Tradition zurückführt.

Denn, das ist das Wesentliche, der Erfahrungsinhalt ist identisch, nur der sprachliche Ausdruck hat sich verändert: Die Erfahrung des *Grundes* ist identisch mit der Erfahrung *Gottes*. Die *religionslose* Spiritualität ist in der Tiefe mit dem traditionellen Christentum verbunden. Es gibt keine Trennung zwischen heiliger und profaner spiritueller Erfahrung. *Gott als Geheimnis der Welt* ist der lebendige Urgrund allen Seins.

Ein allgemeines Anliegen des Buches ist es, den positiven Beitrag, den ein spiritueller Übungsweg für die moderne Lebensgestaltung zu leisten vermag, nachvollziehbar zu beschreiben. Der Weg nach innen ist für die Erkenntnis der Einheit der Wirklichkeit grundlegend. Erst wenn der Mensch weiß, wer er ist und dass er mit allem verbunden ist, erreicht er die von ihm gesuchte Gelassenheit und den Frieden im Leben. Erst dann fühlt er sich als ein Teil des Ganzen und ist bereit für seine Mitverantwortung in dieser Welt.

Ich halte es für unabdingbar, dass Menschen heute das Potential von Frieden und Gerechtigkeit nutzen, das ein spiritueller Weg freisetzen kann. Denn es geht auf unserer gemeinsamen Erde nicht mehr darum, unser Leben weiter zu optimieren, den Wandel voranzutreiben und das Wachstum zu beschleunigen. Dafür sind die Alarmzeichen zu gravierend. Die aktuellen Kriege und die damit verbundenen Flüchtlingsströme sprechen hier ihre eigene Sprache.

Wir müssen innehalten und sehen: Es geht darum, ob es uns gemeinsam als Weltgemeinschaft gelingt, eine lebenswerte Zukunft für die Menschen und die gesamte Schöpfung zu schaffen. Denn unser Lebensraum ist Bedrohungen ausgesetzt, die eine rasche Änderung der Haltung und des Handelns des Menschen gegenüber der Welt notwendig machen.

Ich hoffe, dass Menschen, die auf der Suche nach einer zeitgemäßen Form der Spiritualität sind, bei der Lektüre des Buches mehr Klarheit und Impulse gefunden haben, um sich auf diesen Erfahrungsweg zu machen.

Quellen

Fußnoten

1 Mystik (lat. *Mysticus*: unaussprechlichIch; gr. *mystikos*, bzw. *myein*: Augen und Lippen schließen), ist in der christlichen Tradition der Begriff für die Erkenntnis Gottes aus Erfahrung (*unio mystica*). Der Begriff Mystik selbst ist ein Sammelbegriff für ganz unterschiedliche Formen der Mystik in der Kirchengeschichte, wie Logos-Mystik, Christus-Mystik, Braut-Mystik. Askese, Meditation und Kontemplation dienen der Vorbereitung für dieses Ziel. Der Mystikbegriff zur Zeit Luthers beinhaltet also unterschiedliche Tradition. Bei Luther ist die Meditation eine gegenständliche Meditation (Texte), im Sinne des Widerkauens (*ruminatio*), die in der Anfechtung (*tentatio*) in eine mystische Erfahrung münden kann.

Spiritualität ist in seiner heutigen Bedeutung ein vielgebauchter aber unscharfer Begriff. Offiziell wurde dieser Begriff erst 1979 in einer Studie der EKD in die evangelische Kirche übernommen. Mit dem Begriff Spiritualität (von lat. *Spiritus*: Geist, Atem, bzw. gr. ψυχή: Geist, Seele, Hauch) wird allgemein eine Lebenshaltung beschrieben, die versucht, Antworten auf die Fragen nach Leben und Tod, dem Sinn des Lebens und nach einem letzten Grund des Ganzen mit Hilfe eines Übungsweges zu finden. Das Ziel der Spiritualität ist es, eine geistige Verbindung zum Transzendenten, zum Urgrund des Seins oder im christlichen Sinn zu Gott, zu erreichen. Ein *geglaubter* Glaube wird erweitert durch einen *erfahrungsbegründeten* Glauben. Die Methode für dieses spirituelle Interesse, die ich vorstelle, ist die Stille Meditation. Der Begriff Spiritualität ist zunächst weltanschaulich offen, da heute spirituelle Erfahrungen in der Meditation nicht unbedingt als religiöse Erfahrungen gedeutet werden. Die Erfahrungen sind zunächst frei von einer Zuordnung zu einer bestimmten Religion und Theologie; sie bezieht sich auf eine allgemein menschliche Erfahrungsmöglichkeit von Seinsfühlungen bis hin zu

Seinserfahrungen. Sie können entsprechend der eigenen religiösen Sozialisation im Kontext der eigenen Religion und Theologie als religiöse Erfahrungen bis hin zu Gotteserfahrungen erlebt und gedeutet werden. Oft wird dies erst durch die Reflexion eines Ereignisses klar. Die Form der Stille Meditation ist eine nichtgegenständliche Meditation im Sinne der *contemplatio*, die in eine Seins-Erfahrung bzw. Erfahrung Gottes münden kann.

2 Marquardt, Odo, Zukunft braucht Herkunft, Philosophische Essays, Stuttgart, 2003.

3 Postmodernes Denken geht davon aus, dass unsere Sicht von Mensch und Wirklichkeit immer unser eigenes Konstrukt ist. Vgl., Rainer Funk, Ich und Wir, Psychoanalyse des postmodernen Menschen, München, [2]2005, 12f.

4 Ulrich Beck, Risikogesellschaft: Auf dem Weg in eine andere Moderne, Frankfurt/Main, 1986.

5 Jean-Francois Lyotard, Das postmoderne Wissen, Wien, [7]2012.

6 Drei Leitideen hat die Moderne hervorgebracht: die Emanzipation der Menschheit (Aufklärung), die Teleologie des Geistes (Idealismus) und die Hermeneutik des Sinns (Historismus); dazu kommen die Heiligen Bücher der Religionen.

7 Vgl., Wolfgang G. Esser, Mystisches Bewusstsein erwacht in uns: Religiosität der Zukunft, Petersberg, 2001, 38. Sigmund Freud hatte schon drei narzisstische Kränkungen des Menschen formuliert (die Welt ist nicht Mittelpunkt des Universums, der Mensch ist nichts Besseres als die Tiere, der Mensch ist nicht Herr im eigenen Haus (Ich)), dazu kommt durch die Quantenkosmologie die Möglichkeit, dass es neben unserem Universum noch viele andere Welten gibt; Das Ich wird von der Neurobiologie weiter als Konstrukt, also als Illusion entzaubert.

8 Vgl., Peter Zimmerling, Evangelische Spiritualität: Wurzeln und Zugänge, Göttingen, 2003,132.

9 Vgl., Peter Zimmerling, Evangelische Spiritualität, 134.

10 Gerhard Schulze, Die Erlebnisgesellschaft: Kultursoziologie der Gegenwart, Frankfurt/Main, New York, [2]1992.

11 Vgl., Peter Zimmerling, Evangelische Spiritualität, 135.

12 Vgl., Martin Nicol, Meditation bei Luther, 11.

13 Karl Rahner, Das neue Bild der Kirche, in: *Geist und Leben* 39, 1966, Seite 4-24.

14 Vgl., Juhani Forsberg, Die finnische Lutherforschung seit 1979, in: LuJ 72, (2005), 147-182.

15 Vgl., Joachim Kunstmann, Rückkehr der Religion: Glaube, Gott und Kirche neu verstehen, Gütersloh, 2010, 307.

16 Argumente Luthers, die sich gegen die Mystik als Glaubensweg wenden, fasst R. Mugerauer zusammen: »Der rationale-mystische Erkenntnisaufstieg ist für Luther eine hybride spekulative Verirrung der ichverfangenen Vernunft. Doch die ichverfangene Vernunft erkennt weder ihre Verirrung noch ihre Unfähigkeit auf diesem Weg zur Gotteserkenntnis zu gelangen.« R. Mugerauer, Luthers Theologie und ihre bedenklichen Folgen: Eine kritische Gesamtanalyse unter dem Maßstab der Perspektiven skeptisch-problematischer Bildung und problemerschlossener Vernunft, München, 2011, 46.

17 Vgl., Peter Zimmerling, Sonne in einem stillen Wasser, in: Zeitzeichen 10.Jg., 2009, H.1, S.19-21.

18 Vgl., Peter Zimmerling, Evangelische Mystik, Göttingen, 2015, 57.

19 Alois Maria Haas, Gottleiden – Gottlieben, Zur volkssprachlichen Mystik im Mittelalter, Frankfurt/Main, 1989, 272.

20 Vgl., Alois Maria Haas, Gottleiden – Gottlieben, 272.

21 Vgl., Heiko, A. Obermann, Simul gemitus et raptus, in: Ivar Asheim, (Hg.), Kirche, Mystik, Heiligung, 25-28.

22 Seine Wirkungsgeschichte erklärt sich daher, weil man ihn für den von Paulus auf dem Areopag bekehrten Dionysius hielt (Apk, 17,34); es ist tatsächlich das Pseudonym eines unbekannten christlichen Autors.

23 Kurt Aland, Der Weg zur Reformation: Zeitpunkt und Charakter des reformatorischen Erlebnisses M. Luthers, München, 1965, 32.

24 Vgl., Kurt Aland, Der Weg zur Reformation, 47.

25 Röm 13,13f: »Lasst uns ehrbar leben wie am Tage, nicht in Fressen und Saufen, nicht in Unzucht und Ausschweifung, nicht in Hader

und Eifersucht, sondern zieht an den Herrn Jesus Christus und sorgt für den Leib nicht so, dass ihr den Begierden verfallt.«

26 Vgl., Heiko, A. Obermann, Simul gemitus et raptus, in: Ivar Asheim, (Hg.), Kirche, Mystik, Heiligung, 31.

27 Vgl., Heiko, A. Obermann, Simul gemitus et raptus, in: Ivar Asheim, (Hg.), Kirche, Mystik, Heiligung, 51.

28 Bernhard McGinn, Die Mystik im Abendland, Bd. 4, Fülle, Freiburg, 2008, 453.

29 Johannes Tauler, Predigt 51, Bd. 2, 389 [Hinweis: Die existentielle Frage aus Sicht der Philosophie lautet: Wer (was) bin ich? – aus christlich anthropologischer Sicht lautet diese Frage: wer (was) bin ich aus mir selbst?]

30 Volker Leppin, Die fremde Reformation, Luthers mystische Wurzeln, München 2016.

31 Vgl., Martin, Nicol, Meditation bei Luther, Göttingen, 1984, 43.

32 Theologia Deutsch, ist die Schrift eines ungenannten Priesters und Kustos des Deutschherrenhauses zu Sachsenhausen bei Frankfurt a. M. Ende des 14. Jahrh.

33 Vgl., Gerhard Wehr, (Hg.), Theologia Deutsch: Eine Grundschrift deutscher Mystik, Königsdorf, [2]2012, 21. Drei Wege führen zur Vollkommenheit: Die Reinigung, die Erleuchtung und die Vereinigung. (79).

34 Vgl., Alois Maria Haas, Gottleiden – Gottlieben, 269. Ebenfalls: Heiko, A. Obermann, Simul gemitus et raptus, in: Ivar Asheim, (Hg.), Kirche, Mystik, Heiligung, 20.

35 Vgl., Heiko, A. Obermann, Simul gemitus et raptus, in: Ivar Asheim, (Hg.), Kirche, Mystik, Heiligung, 20.

36 Vgl., Erwin Iserloh, Luther und die Mystik, in: Ivar Asheim, (Hg.), Kirche, Mystik, Heiligung, 61.

37 Heiko, A. Obermann, Simul gemitus et raptus, in: Ivar Asheim, (Hg.), Kirche, Mystik, Heiligung, 45.

38 Der *Seelengrund* ist ein zentraler Begriff bei J. Tauler, der auch für Luther bedeutsam war.

39 E. H. Erikson, Der junge Luther, Frankfurt am Main, 1975. Vgl., Für den Psychiater ist das Ereignis des Gelübdes ausgelöst durch einen Blitz lediglich der Tiefpunkt, eines schweren Depressionszustandes". (100) Gegen dieses Argument weist der Kirchengeschichtler H. Obermann darauf hin, dass alle Kinder der Luthers die strenge Hand der Eltern gespürt haben, und doch ist nur Martin ins Kloster gegangen. (Heiko, A. Obermann, Luther Mensch zwischen Gott und Teufel, Berlin, 1981, 98).

40 Die Gewittererfahrung wird hier mit aufgenommen, da es auch heute oft so ist, dass existentielle Krisen Auslöser dafür sind einen spirituellen Weg, eine Form der Meditation zu suchen und zu gehen, um wieder eine neue existentielle Gewissheit zu erhalten.

41 Vgl., Martin Brecht, Martin Luther, sein Weg zur Reformation 1483-1521, Stuttgart, [2]1981, 57.

42 Vgl., Martin Brecht, Martin Luther, sein Weg zur Reformation, 58.

43 Vgl., Heinz Schilling, Martin Luther: Rebell in einer Zeit des Umbruchs, eine Biographie, München, [2]2013, 86.

44 Heinz Schilling, Martin Luther: Rebell in einer Zeit des Umbruchs, eine Biographie, München, [2]2013, 90.

45 Heinz Schilling, Martin Luther: Rebell in einer Zeit des Umbruchs, eine Biographie, München, [2]2013, 90.

46 Martin Luther ausgewählte Schriften, Bd. 1, Vorrede zum ersten Band der Wittenberger Ausgabe der lateinischen Schriften Luthers. 1545 (G. Ebeling), Frankfurt/Main, [2]1983, 23.

47 Peter Zimmerling, Evangelische Spiritualität, 54.

48 Vgl., Ulrich H.J. Körner, Reformatorische Theologie im 21. Jahrhundert, Theologische Studien, Zürich, 2010, 38f. Dazu: Walter Mostert, Glaube – der christliche Begriff für Religion, in: Glaube und Hermeneutik, Gesammelte Aufsätze, P. Bühler u. G. Ebeling, Tübingen, (Hg.), 1998, 186-199.

49 Vgl., Heinz Schilling, Martin Luther: Rebell in einer Zeit des Umbruchs, eine Biographie, München, [2]2013, 86.

50 Vgl., Juhani Forsberg, Die finnische Lutherforschung seit 1979, in: LuJ 72, (2005), 147-182.

51 Kurt Aland, Der Weg zur Reformation, 29.

52 Kurt Aland, Der Weg zur Reformation, 50.

53 Kurt Aland, Der Weg zur Reformation, 51

54 Nach Alois Maria Haas kann bei Luther durchaus von einer Glaubensmystik gesprochen werden. Vgl., Alois Maria Haas, Gott leiden, 283.

55 Hans-Martin Barth, Die Theologie Martin Luthers, 199-200. / WA 26, 339, 33-340,1.

56 Erwin Iserloh, Luther und die Mystik, in: Ivar Asheim, (Hg.), Kirche, Mystik, Heiligung, 68. / WA 4; 265, 30f.

57 Vgl., Erwin Iserloh, Luther und die Mystik, 69. (WA 4; 408, 22-24)

58 D. h. im Sinne einer Brautmystik.

59 Vgl., Erwin Iserloh, Luther und die Mystik, 70.

60 Vgl., Alois Maria Haas, Gottleiden – Gottlieben, 283.

61 Römerbriefvorlesung zu Röm 4, 7: WA 56, 272.

62 Vgl., Hans-Martin Barth, Die Theologie Martin Luthers, 144.

63 Vgl., Hans-Martin Barth, Die Theologie Martin Luthers, 144.

64 Vgl., Hans-Martin Barth, Die Theologie Martin Luthers, 145.

65 Hans-Martin Barth, Die Theologie Martin Luthers, 145.

66 Die Devotio moderna, (lat., neue Frömmigkeit), war eine religiöse Erneuerungsbewegung im 15. Jahrhundert.

67 Vgl., Karl Baier, Meditation und Moderne, Bd. 1, Würzburg, 2009, 72.

68 Martin Luther, hrsg., Erwin Mühlhaupt, Psalmenvorlesung, Psalmen 1-25, Bd. 1, Göttingen 1959, 9.

69 Vgl., Martin Nicol, Meditation bei Luther, 49.

70 Vgl., Karl Baier, Meditation und Moderne, 73. Gerson, 14. Jahrh., Theologe und Mystiker, Kanzler an der Sorbonne in Paris.

71 Vgl., Martin Nicol, Meditation bei Luther, 45.

72 Vgl., Martin Nicol, Meditation bei Luther, 86.

73 Diese Seite des Herzens ist in der Meditation bei Luther wenig beachtet; vielleicht, weil sich für ihn der Mensch nur über Hören des Wortes öffnen konnte, und alles andere für ihn Wirkung des Heili-

gen Geistes war. Der Zugangsweg zu Gott war für ihn möglich über das Ringen mit dem Wort mit Hilfe der Ruminatio.

74 Hans-Martin Barth, Die Theologie Martin Luthers: Eine kritische Würdigung, Gütersloh, 2009, 121. (WA 50, 659, 22-29)

75 Hans-Martin Barth, Die Theologie Martin Luthers, 148. (WA 10/3, 425, 17-22.)

76 Hans-Martin Barth, Die Theologie Martin Luthers, 123.

77 Martin Nicol, Meditation bei Luther, 40.

78 Martin Nicol, Meditation bei Luther, 42.

79 Vgl., Martin Nicol, Meditation bei Luther, 40.

80 Johannes Donndorf, Das Rosetum des Johannes Mauburnus, Halle, 1929, 1. Es ist ein Meisterwerk der Devotio moderna.

81 Vgl., Martin Nicol, Meditation bei Luther, 28f.

82 Vgl., Martin Nicol, Meditation bei Luther, 73.

83 Vgl., Volker Leppin, Die fremde Reformation, Luthers mystische Wurzeln, 119.

84 Vgl., Martin Nicol, Meditation bei Luther, 57.

85 Vgl., Hans-Martin Barth, Die Theologie Martin Luthers, 478.

86 Martin Nicol, Meditation bei Luther, 93.

87 Vgl., Martin Nicol, Meditation bei Luther, 99.

88 Vgl., Martin Nicol, Meditation bei Luther, 97.

89 Vgl., WA XI, 267, 30 (1523); Es ist eyn seltzamer vogel vmb eynen Christen. (WA 11,57,3 (1525).

90 Die paradoxe Intention der Anfechtung: Wenn ich selbst nichts mehr machen kann, wenn alle Willens- und Ich-Kräfte am Ende sind, wenn ich an meinem Tun und Wollen zu verzweifeln drohe, wenn ich überhaupt keine „Erfahrung Gottes“ mehr erwarte, dann kann sich die Erfahrung als Geschenk, als Gnade einstellen, niemals als Folge einer gezielten Technik. In der Meditation als vita contemplativa besteht in der Tat ein Moment der Anfechtung vom Sprung der Meditation zur Kontemplation. Der Mensch muss in höchster Spannung sein Ich lassen können. Traditionell wird im Moment des

Durchbruchs vom Tod des Ich gesprochen. Insofern ist die Anfechtung ein Moment im Prozess der Meditation.

91 Vgl., Heiko, A. Obermann, Luther Mensch zwischen Gott und Teufel, Berlin, 1981, 195f.

92 Vgl., Martin, Luther, hrsg., Erwin Mühlhaupt, Psalmenauslegung, Psalmen 26-90, Bd.2, Göttingen, 1962, 282.

93 Martin Nicol, Meditation bei Luther, 59.

94 Martin Nicol, Meditation bei Luther, 89.

95 Martin Nicol, Meditation bei Luther, 155.

96 Vgl., Martin Nicol, Meditation bei Luther, 161.

97 Vgl., Martin Nicol, Meditation bei Luther, 167.

98 Vgl., Martin Nicol, Meditation bei Luther, 172.

99 Aus dieser Textstelle lässt sich die moderne Form der „Stille Meditation“ (bzw. das kontemplative Gebet) sehr schön ableiten. Stille Meditation: Hier ist das *Wort* das Vehikel, das den Meditierenden in die Stille leitet und ihn öffnet für die Erfahrung der Fülle, des Friedens, der Geborgenheit in Gott. Luther nennt in seiner Predigt dafür eigentlich alle Momente. Eine moderne Form der geistlichen Übung wie sie Luther im kleinen oder großen Katechismus (z. B. das vierfache Kränzlein) für die volkskirchliche Frömmigkeit gedacht hat, kann heute die „Stille Meditation“ sein. Sie kann Luthers Forderung der stetigen Einübung in den Glauben als moderne Tradition aufnehmen und weiterführen.

100 Friedrich Immanuel Niethammer, Luthers Predigten über die Evangelien auf alle Sonn- und Fest-Tage, Erster Teil, Nürnberg, 1830 / Die erste Predigt am heiligen Christtag, Evangelium: Luk 2, 1-14, Seite 42.

101 Bengt Hägglund, Luther und die Mystik, in: Ivar Asheim, (Hg.), Kirche, Mystik, Heiligung, 91. / Tauler, Predigt 6, Band 1, 41.

102 Bengt Hägglund, Luther und die Mystik, 91.

103 Vgl., Bengt Hägglund, Luther und die Mystik, 91.

104 Vgl., Erwin Iserloh, Luther und die Mystik, 71.

105 H. A. Obermann, Luther Mensch zwischen Gott und Teufel, Berlin, 196.

106 Vgl., dazu Johannes Tauler: »Deinen inneren Menschen sollst du niemandem unterwerfen außer Gott; aber deinen äußeren Menschen, den unterstelle in aller Demut unter alle Geschöpfe ... Der äußere Mensch soll innerlich warten, was ihm der innere gebietet, um dem auf jede Weise mit jeder Arbeit genugzutun.« Vgl., Bernhard McGinn, Die Mystik im Abendland, Bd. 4, Fülle, Freiburg, 2008, 431.

107 Vgl., Karl-Heinz, Zur Mühlen, Nos extra nos: Luthers Theologie zwischen Mystik und Scholastik, Tübingen, 1972, 268.

108 Vgl., Karl-Heinz, Zur Mühlen, Nos extra nos, 269.

109 Peter Zimmerling, Evangelische Spiritualität, 23.

110 Vgl., Gerhard Tersteegen, Weg der Wahrheit, Walzbachtal, [4]1993, 52.

111 Vgl., Gerhard, Tersteegen, Weg der Wahrheit, Walzbachtal, [4]1993, 55.

112 Hansgünter Ludewig, Gerhard Tersteegen als evangelischer Mystiker, in: Dietrich Meyer, Udo Sträter, (Hg.) Zur Rezeption mystischer Tradition im Protestantismus des 16. bis 19. Jahrhunderts, Köln, 2002, 249.

113 Vgl., Gerhard Tersteegen, Weg der Wahrheit, Walzbachtal, [4]1993, 177-80.

114 Vgl., Gerhard Tersteegen, Weg der Wahrheit, Walzbachtal, [4]1993, 178.

115 Vgl., Hansgünter Ludewig, Gerhard Tersteegen als evangelischer Mystiker, 250.

116 Vgl., Hansgünter Ludewig, Gerhard Tersteegen als evangelischer Mystiker, 276.

117 Gerhard Tersteegen, Briefe, Band VII/1, Gießen, 2008, Brief 348, 620.

118 Vgl., Friedrich Schleiermacher, Über die Religion: Reden an die Gebildeten unter ihren Verächtern, Göttingen, [6]1967, 66.

119 Vgl., Friedrich Schleiermacher, Über die Religion: Reden an die Gebildeten unter ihren Verächtern, Göttingen, [6]1967, 64.

120 Friedrich Schleiermacher, Über die Religion: Reden an die Gebildeten unter ihren Verächtern, Göttingen, [6]1967, 99.

121 Vgl., Albert Schweitzer, Die Mystik des Apostel Paulus, in: Gesammelte Werke, Bd. 4., München, 1974, 15-510.

122 Vgl., Albert Schweitzer, Die Weltanschauung der Ehrfurcht vor dem Leben, Kulturphilosophie III, Erster und zweiter Teil, München, 1999, 412.

123 Dietrich Bonhoeffer, Widerstand und Ergebung: Briefe und Aufzeichnungen aus der Haft, Gütersloh, [12]1983, 95.

124 Jürgen Moltmann, Gotteserfahrungen: Hoffnung, Angst, Mystik, München, 1979, 46.

125 Karlfried Dürckheim, Meditieren – wozu und wie: Die Wende zum Initiatischen, Freiburg, 1978.

126 Hugo M. Enomiya-Lassalle, Zen-Meditation für Christen, Bern/München/Wien, [3]1995.

127 Willigis Jäger, Kontemplation ein spiritueller Weg, Freiburg, 2010.

128 Jörg Zink, Die goldene Schnur: Anleitung zu einem inneren Weg, Stuttgart, 1999.

129 Dorothee Sölle, Mystik und Widerstand »Du stilles Geschrei«, Hamburg, [4]1998.

130 Vgl., Dorothee Sölle, Mystik und Widerstand, 14.

131 Vgl., Martin Luther, hrsg., Erwin Mühlhaupt, Psalmenauslegung, Psalmen 26-90, Göttingen, 1962, 175.

132 Vgl., Klaus-Peter Jörns, Notwendige Abschiede: auf dem Weg zu einem glaubwürdigen Christentum, Gütersloh, [2]2005, 41.

133 Vgl., Klaus-Peter Jörns, Notwendige Abschiede, 52.

134 Vgl., Klaus-Peter Jörns, Notwendige Abschiede, 56.

135 Vgl., Klaus-Peter Jörns, Notwendige Abschiede, 163.

136 Im Sinne von *getrenntsein von Gott*, kann das Wort Sünde heute verstanden werden. Im Wort Sünde steckt die Wurzel *sunt*: Kluft, Trennung.

137 Vgl., Klaus-Peter Jörns, Die neuen Gesichter Gottes: Die Umfrage „Was die Menschen wirklich glauben“ im Überblick, Neukirchen-Vluyn, 1997.

138 Sören Kierkegaard, Kleine Schriften 1848/49, Gesammelte Werke und Tagebücher, Bd, 16, Simmerath, 2004.

139 Sören Kierkegaard, Kleine Schriften 1848/49, Gesammelte Werke und Tagebücher, Bd, 16, Simmerath, 2004, 37f.

140 Vgl., Heinz Schilling, Martin Luther, Rebell in einer Zeit des Umbruchs, München, ^{2}20012, 97-100.

141 Vgl., Hugo M. Enomiya-Lassalle, Zen-Buddhismus, Köln, ^{2}1972, 430.

142 Vgl., Hugo M. Enomiya-Lassalle, Zen Unterweisung, München, ^{5}1999, 91.

143 Jean-Jacques Rosseau, Träumereien eines einsamen Spaziergängers, Stuttgart, 2003.

144 Vgl., Jean-Jacques Rosseau, Träumereien eines einsamen Spaziergängers, 16.

145 Vgl., Jean-Jacques Rosseau, Träumereien eines einsamen Spaziergängers, 14.

146 Jean-Jacques Rosseau, Träumereien eines einsamen Spaziergängers, 22.

147 Jean-Jacques Rosseau, Träumereien eines einsamen Spaziergängers, 24f.

148 Vgl., Daniel Heller-Roazen, Der innere Sinn: Archäologie eines Gefühls, Frankfurt/Main, 2012, 270.

149 Daniel Heller-Roazen, Der innere Sinn: Archäologie eines Gefühls, Frankfurt/Main, 2012, 272.

150 Daniel Heller-Roazen, Der innere Sinn: Archäologie eines Gefühls, Frankfurt/Main, 2012, 273.

151 Daniel Heller-Roazen, Der innere Sinn: Archäologie eines Gefühls, Frankfurt/Main, 2012, 276.

152 Daniel Heller-Roazen, Der innere Sinn: Archäologie eines Gefühls, Frankfurt/Main, 2012, 273.

153 Hermann Hesse, Die Kunst des Müßiggangs: Kurze Prosa aus dem Nachlass, Frankfurt/Main, 1973, 13.

154 Hermann Hesse, Glück, Späte Prosa, Betrachtungen, Frankfurt/Main, 1973, 42-54.

155 Vgl., Aristoteles, Nikomachische Ethik, Hamburg, ^{4}1985, 228.

156 Vgl., Ciompi, L. Die emotionalen Grundlagen des Denkens. Entwurf einer fraktalen Affektlogik, Göttingen, 1997. Gefühle werden als eine Form des Denkens betrachtet, auch Gefühle sind eine Form der Sprache.

157 Oft beschrieben als das Sterben des Ichs.

158 Daniel Heller-Roazen, Der innere Sinn: Archäologie eines Gefühls, Frankfurt/Main, 2012.

159 Vgl., Daniel Heller-Roazen, Der innere Sinn: Archäologie eines Gefühls, Frankfurt/Main, 2012, 42.

160 Daniel Heller-Roazen, Der innere Sinn: Archäologie eines Gefühls, Frankfurt/Main, 2012, 74.

161 Daniel Heller-Roazen, Der innere Sinn: Archäologie eines Gefühls, Frankfurt/Main, 2012, 388.

162 Vgl., Daniel Heller-Roazen, Der innere Sinn: Archäologie eines Gefühls, Frankfurt/Main, 2012, 209.

163 Daniel Heller-Roazen, Der innere Sinn: Archäologie eines Gefühls, Frankfurt/Main, 2012, 272.

164 Viktor von Weizsäcker, Gesammelte Schriften, Bd.4, Der Gestaltkreis: Theorie der Einheit von Wahrnehmen und Bewegen, Frankfurt/Main, 1997.

165 Vgl., Viktor von Weizsäcker, Natur und Geist: Begegnungen und Entscheidungen, Gesammelte Schriften, Bd. 1, Fankfurt/Main, 1986, 80.

166 Vgl., Viktor von Weizsäcker, Natur und Geist: Begegnungen und Entscheidungen, Gesammelte Schriften, Bd. 1, Fankfurt/Main, 1986, 86.

167 Vgl., Hans Jonas, Organismus und Freiheit: Ansätze zu einer philosophischen Biologie, Göttingen, 1973, 11.

168 Klaus-Peter-Jörns, Notwendige Abschiede: Auf dem Weg zu einem glaubwürdigen Christentum, Gütersloh, ^{2}2005, 121. Ich übernehme hier und im Folgenden einige Argumente von K.-P. Jörns.

169 Viktor, v. Weizsäcker, Gesammelte Schriften, Bd.4, Der Gestaltkreis: Theorie der Einheit von Wahrnehmen und Bewegen, Frankfurt/Main, 1997, 219.

170 Klaus-Peter-Jörns, Notwendige Abschiede: Auf dem Weg zu einem glaubwürdigen Christentum, Gütersloh, ^{2}2005, 121.

171 Viktor von Weizsäcker, Natur und Geist: Begegnungen und Entscheidungen, Gesammelte Schriften, Bd. 1, Fankfurt/Main, 1986, 81.

172 Viktor von Weizsäcker, Natur und Geist: Begegnungen und Entscheidungen, Gesammelte Schriften, Bd. 1, Fankfurt/Main, 1986, 81.

173 Vgl., Klaus-Peter-Jörns, Notwendige Abschiede: Auf dem Weg zu einem glaubwürdigen Christentum, Gütersloh, ^{2}2005, 121.

174 Vgl., Viktor v. Weizsäcker, Gesammelte Schriften, Bd.4, Der Gestaltkreis: Theorie der Einheit von Wahrnehmen und Bewegen, Frankfurt/Main, 1997, 237.

175 Vgl., Klaus-Peter-Jörns, Notwendige Abschiede: Auf dem Weg zu einem glaubwürdigen Christentum, Gütersloh, ^{2}2005, 124.

176 Vgl., Klaus-Peter-Jörns, Notwendige Abschiede: Auf dem Weg zu einem glaubwürdigen Christentum, Gütersloh, ^{2}2005, 127.

177 Klaus-Peter-Jörns, Notwendige Abschiede: Auf dem Weg zu einem glaubwürdigen Christentum, Gütersloh, ^{2}2005, 127.

178 Vgl., Klaus-Peter-Jörns, Notwendige Abschiede: Auf dem Weg zu einem glaubwürdigen Christentum, Gütersloh, ^{2}2005, 127.

179 Klaus-Peter-Jörns, Notwendige Abschiede: Auf dem Weg zu einem glaubwürdigen Christentum, Gütersloh, ^{2}2005, 129.

180 »Welchen Gegenstand ich betrachte, der bin ich. Sehe den Berg, mit blauem Himmel dahinter und Sonnenstrahlen auf dem Gipfel, so bin ich nichts als dieser Berg, dieser Himmel, diese Sonnenstahlen: und das Objekt erscheint, rein aufgefasst, in unendlicher Schönheit, (…) ich bin das Objekt, ich bin lautre Freude über den Verstand in mir, der diese Apprehension möglich macht, diese Apprehension ist.« In: Arthur Schopenhauer, Der handschriftliche Nachlass, Bd. 1, Arthur Hübscher, (Hg.), Frankfurt/Main, 1966, 126; Vgl., auch 106f.

181 Vgl., Arthur Schopenhauer, Die Welt als Wille und Vorstellung, Stuttgart, 2008, 40f.

182 Arthur Schopenhauer, Die Welt als Wille und Vorstellung, Stuttgart, 2008, 46f.; 77.

183 https://de.wikipedia.org/wiki/Die_Welt_als_Wille_und_Vorstellung: »Den Begriff Vorstellung will Schopenhauer wörtlich verstanden wissen, im Sinne von: etwas, das vor einen gestellt ist (*Gegen-stand*). Aufbauend auf der basalen Apriorität von Raum, Zeit und Kausalität ist die Vorstellung ein Produkt von vier Wurzeln: Die mentalen Funktionen: des Verstandes, der Vernunft, der reinen Sinnlichkeit und des Selbstbewusstseins. Diese gemeinsam ergeben die vierfache Wurzel des Satzes vom zureichenden Grund, da alle Erkenntnisfunktionen dem Satz vom Grunde folgen.«

184 Vgl., Arthur Schopenhauer, Die Welt als Wille und Vorstellung, Stuttgart, 2008, 79.

185 Vgl., Arthur Schopenhauer, Die Welt als Wille und Vorstellung, Stuttgart, 2008, 39f.

186 Arthur Schopenhauer, Der handschriftliche Nachlass, Bd. 1, Arthur Hübscher, (Hg.), Frankfurt/Main, 1966, 225f.

187 Kurt Flasch, Meister Eckhart: Philosoph des Christentums, München, [3]2011, 248

188 Kurt Flasch, Meister Eckhart: Philosoph des Christentums, München, [3]2011, 64.

189 Kurt Flasch, Meister Eckhart: Philosoph des Christentums, München, [3]2011, 249.

190 Aristoteles, Über die Seele, Hamburg, 1995, 143 [III, 425b, 10-2. 426 a, 1.]

191 Vgl., Aristoteles, Über die Seele, Hamburg, 1995, Kommentar von Horst Seidl, 256.

192 Maurice Merleau-Ponty, Phänomenologie der Wahrnehmung, Berlin, [6]1974.

193 Vgl., Maurice Merleau-Ponty, Phänomenologie der Wahrnehmung, Berlin, [6]1974, 241.

194 Vgl., Maurice Merleau-Ponty, Phänomenologie der Wahrnehmung, Berlin, [6]1974, 244.

195 Vgl., Maurice Merleau-Ponty, Phänomenologie der Wahrnehmung, Berlin, [6]1974, 244.

196 Vgl., Maurice Merleau-Ponty, Phänomenologie der Wahrnehmung, Berlin, ^{6}1974, 250.

197 Maurice Merleau-Ponty, Das Sichtbare und das Unsichtbare, München, ^{3}2004, 326.

198 Mauric Merleau-Ponty, Phänomenologie der Wahrnehmung, Berlin, ^{6}1974, 321.

199 Daniel Heller-Roazen, Der innere Sinn: Archäologie eines Gefühls, Frankfurt/Main, 2012, 385.

200 Clara Vasseur, und Johannes Bündgens haben eine Spiritualität der Wahrnehmung ganz in der Tradition der Denktradition von M. Merleau-Ponty entworfen. Vgl., Clara Vasseur, Johannes Bündgens, Spiritualität der Wahrnehmung, Einführung und Einübung, Freiburg / München, 2015, 39.

201 Carl Friedrich v. Weizsäcker, Die Einheit der Natur, München, ^{4}1972, 289.

202 Hans-Peter Dürr, Geist, Kosmos und Physik: Gedanken über die Einheit des Lebens, Amerang, ^{2}2010, 44f.

203 Vgl., Hans Peter Dürr, Geist, Kosmos und Physik: Gedanken über die Einheit des Lebens, Amerang, ^{2}2010, 81.

204 Hans-Peter Dürr, Auch die Wissenschaft spricht nur in Gleichnissen: Die neue Beziehung zwischen Religion und Naturwissenschaften, Freiburg/Breisgau, ^{7}2010, 104.

205 Vgl., Hans-Peter Dürr, Auch die Wissenschaft spricht nur in Gleichnissen: Die neue Beziehung zwischen Religion und Naturwissenschaften, Freiburg/Breisgau, ^{7}2010, 12.

206 Vgl., Hans-Peter Dürr, Auch die Wissenschaft spricht nur in Gleichnissen: Die neue Beziehung zwischen Religion und Naturwissenschaften, Freiburg/Breisgau, ^{7}2010, 29.

207 Hans-Peter Dürr, Auch die Wissenschaft spricht nur in Gleichnissen: Die neue Beziehung zwischen Religion und Naturwissenschaften, Freiburg/Breisgau, ^{7}2010, 32.

208 http://www.menscheinstein.de/biografie/biografiejsp/key=2414.html

209 Ernst Peter Fischer in einem Vortrag über A. Einstein: »Wir leben – Einstein zufolge – in einem Kosmos, der zugleich endlich und unbe-

grenzt ist. Damit ist die Wahrheit so formuliert, dass sie ihr Geheimnis behält. Das Gefühl dafür ist das Schönste, das Menschen erleben können.« Ernst Peter Fischer, Albert Einstein – Portrait, Vorlesung, uni-auditorium, DVD, Grünwald.

210 Vgl. hierzu den ungelösten Streit zwischen Albert Einstein und Niels Bohr: Würfelt Gott oder nicht? In: Ernst Peter Fischer, Jürgen Renn, Horst Ziegelmann, Albert Einstein, Berlin, 2012, 115-119.

211 Klaus-Peter Jörns, Notwendige Abschiede: Auf dem Weg zu einem glaubwürdigen Christentum, Gütersloh, [2]2005, 125.

212 Klaus-Peter Jörns, Notwendige Abschiede: Auf dem Weg zu einem glaubwürdigen Christentum, Gütersloh, [2]2005, 126.

213 Karl Jaspers, Der philosophische Glaube angesichts der Offenbarung, München, 1963, 183. Vgl., hier: Jede Chiffer bringt den Grund aller Dinge, das Sein im Ganzen zur Sprache.

214 Vgl., Gerhard Roth, Nicole Strüber, Wie das Gehirn die Seele macht, Stuttgart, 2014, 238.

215 Vgl., Karlfried Dürckheim, Übung des Leibes auf dem inneren Wege, München, 1978, 12.

216 Vgl., Joseph Levine, Materialism and Qualia: The Explanatory Gap. In: Pacific Philosophical Quarterly. Band 64, Nr. 4, Oktober 1983, S. 354-361.

217 Vgl., J. Moltmann, Gotteserfahrungen, 48.

218 Auf die komplexe und sich schnell entwickelnde philosophische Diskussion kann hier nicht eingegangen werden. Vgl. hierzu: Thomas Metzinger, (Hg.) Grundkurs Philosophie des Geistes, 3 Bde, Paderborn, [2]2009.

219 Michael Welker, Gottes Geist: Theologie des Heiligen Geistes, Neukirchen-Vluyn, 1992, 306.

220 Vgl., Michael Welker, Gottes Geist: Theologie des Heiligen Geistes, Neukirchen-Vluyn, 1992, 306.

221 Vgl., Michael Welker, Gottes Geist: Theologie des Heiligen Geistes, Neukirchen-Vluyn, 1992, 308f.

222 Vgl., Antonio R. Damasio, Ich fühle also bin ich: Die Entschlüsselung des Bewusstseins, München, [2]2000, 213f.

223 Schon die Sadduzäer vertraten die Ansicht, dass mit dem Tod alles aus ist. (Matth., 22, 23)

224 Die Erfahrung von *weißem Licht* wird bei Nahtoderfahrungen immer wieder erlebt.

225 Vgl., 1. Korinther 15, 44.

226 Vgl., Johann Wolfgang Goethe, Dichtung und Wahrheit, Stuttgart, 2012, 732.

227 Diese Erfahrung als spirituelle Erfahrung im christlichen Sinn gedeutet eröffnet einen neuen Zugang zum eigenen Christsein und zu den biblischen Texten. Diese Erfahrung kann aber weltanschaulich auch anders gedeutet werden.

228 Vgl., Gerald Hüther, Was wir sind und was wir sein könnten: Ein neurobiologischer Mutmacher, München, 2011, 188.

229 Klaus Peter Jorns, Notwendige Abschiede: Auf dem Weg zu einem glaubwürdigen Christentum, Gütersloh, ^{2}2005, 240. Willigis Jäger, Die Welle ist das Meer: Mystische Spiritualität, ^{2}2000, Freiburg/Breisgau, 43.

230 Dorothee Sölle, Die Hinreise: Zur religiösen Erfahrung Texte und Überlegungen, Stuttgart, ^{8}1986, 178f.

231 Anhänger des *neuen Weges* (Apg. 9,2) war eine erste Bezeichnung für die Christen.

232 Vgl., Veronica Gradl, Vom Weg und vom Ziel: Was spirituelle Sehnsucht im Sinn hat, Terfens, 2007, 12.

233 Vgl., Albert Schweitzer, Kultur und Ethik, in: Gesammelte Werke in fünf Bänden, Bd. 2, München, 1974, 377.

234 Da der Mensch aber nie perfekt werden wird, bleibt er auf Vergebung, Verzeihung und Versöhnung angewiesen.

235 Vgl., Chögyam Trungpa, Spirituellen Materialismus durchschneiden, Bielefeld, 2011, 169.

236 Vielfach wir heute mit der Ein-Wort-Methode geübt (Jesus, Liebe, Friede u.a.); Erfahrungen sind weniger Auditionen oder Visionen, sondern beinhalten die Qualität des Friedens, der Stille, der Geborgenheit und Liebe.

237 Meditation wird zwar in einer bestimmten Körperhaltung im Sitzen geübt. Der Zustand der Meditation ist aber an keine Körperhaltung gebunden: Meditation kann sich mitten im Alltag ereignen. Man kann in der Warteschlange vor der Kasse beim Einkaufen auch meditieren oder das Ausräumen der Geschirrspülmaschine zur Meditation werden lassen.

238 Willigis Jäger hat diese Mediationsmethoden der christlichen Tradition entnommen. Schon die Wüstenväter haben im 4. Jahrhundert diese Methoden beschrieben. Vgl., Kleine Philokalie, Betrachtungen der Mönchsväter über das Herzensgebet, Düsseldorf, 2006. Die Mönchsväter haben schon den Zusammenhang und die Bedeutung der Körperhaltung, des Atems und des Leerseins des Geistes für die Gottesschau ausführlich beschrieben. Besonders klar hat der Autor der ›Wolke des Nichtwissens‹ die zwei Übungsformen beschrieben.

239 Christian Scharfetter, Der spirituelle Weg und seine Gefahren, Stuttgart, [4]1997, 14.

240 Vgl., Christian Scharfetter, Der spirituelle Weg und seine Gefahren, Stuttgart, [4]1997,15.

241 Vgl., Karlfried Dürckheim, Hara, die Erdmitte des Menschen, Bern, München, Wien, 1978.

242 Christian Scharfetter, Der spirituelle Weg und seine Gefahren, Stuttgart, [4]1997.

243 Vgl., Beatrice Grimm, Der Übungsweg der Kontemplation, in Willigis Jäger, Kontemplation – ein spiritueller Weg, Freiburg/Breisgau, 2010, 133-154.

244 Vgl., Sylvia Ostertag, Erleuchtung und Alltag: Erfahrungen einer Zen-Meisterin im Gespräch mit Michael Seitlinger, Freiburg/Breisgau, 2008, 40-67.

245 Vgl., Sylvia Ostertag, Erleuchtung und Alltag: Erfahrungen einer Zen-Meisterin im Gespräch mit Michael Seitlinger, Freiburg/Breisgau, 2008, 40-67.

246 Christian Scharfetter, Der spirituelle Weg und seine Gefahren, Stuttgart, [4]1997,14.

247 Hartmut Rosa, Beschleunigung: Die Veränderung der Zeitstrukturen in der Moderne, Frankfurt/Main, 2005.

248 Helga Nowotny, Eigenzeit: Entstehung und Strukturierung eines Zeitgefühls, Frankfurt/Main, 1993.

249 Kurt Flasch, Meister Eckhart, Philosoph des Christentums, München, [3]2011, 74.

250 Martin Buber, Begegnung: Autobiographische Fragmente, Heidelberg, 1978, 58-61.

251 Karlfried Dürckheim, Der Alltag als Übung, Bern/Stuttgart/Wien, [5]1977, 120.

252 Vgl., Karlfried Dürckheim, Der Alltag als Übung, Bern/Stuttgart/Wien, [5]1977, 7.

253 Die spirituellen Fragen sind weggefallen, die Fragen und Aufgaben für den Alltag bleiben und verlangen nach einer Lösung.

254 Vgl., Christian Scharfetter, Der spirituelle Weg und seine Gefahren, Stutgart, [4]1997, 48.

255 Lustyk, M. Kathleen B./Chawla, Neharika/Nolan, Roger S./Marlatt, G. Alan: Mindfulness Meditation Research: Issues of Participant Screening, Safety Procedures, and Researcher Training. Advances in Mind-Body Medicine, Spring 2009, VOL. 24, NO. 1, 20-30.

256 Vgl.,http://meditation-wissenschaft.org/dokumentation-kongress-2012.html; Dr. Ulrich Ott, Audio-Download (25,5 MB); Download Präsentation. Ulrich Ott, Chancen und Nebenwirkungen von Meditation – Einführung, mit welchen Risiken ist Meditation verbunden und wie können diese minimiert werden?

Literatur

Aland, Kurt, Der Weg zur Reformation, Zeitpunkt und Charakter des reformatorischen Erlebnisses Martin Luthers, München 1965.

Aland, Kurt, (Hg.), Luther Deutsch, Die Werke Luthers in Auswahl, Die Anfänge, Bd. 1, Göttingen, 1991.

Aristoteles, Nikomachische Ethik, Hamburg, ^{4}1985.

Aristoteles, Über die Seele, Hamburg, 1995.

Asheim, Ivar, (Hg.), Kirche, Mystik, Heiligung und das Natürliche bei Luther, Vorträge des Dritten Internationalen Kongresses für Lutherforschung, Järvenpää, Finnland, 11.-16. August 1966, Göttingen, 1967.

Augustinus, Aurelius, Confessiones – Bekenntnisse, lateinisch – deutsch, München, ^{4}1980.

Barth, Hans-Martin, Die Theologie Martin Luthers, eine kritische Würdigung, Gütersloh, 2009.

Baier, Karl, Meditation und Moderne, Bd. 1, Würzburg, 2009.

Bayer, Oswald, Martin Luthers Theologie, Eine Vergegenwärtigung, Tübingen, ^{3}2007.

Beck, Ulrich, Risikogesellschaft, Auf dem Weg in eine andere Moderne, Frankfurt/Main, 1986.

Beierwalte, Werner, Denken des Einen, Studien zur neuplatonischen Philosophie und ihrer Wirkungsgeschichte, Frankfurt, 1985.

Benz, Ernst, Meditation, Tanz und Musik, Über den Handpsalter, eine spätmittelalterliche Meditationsform aus dem Rosetum des Mauburnus, Abhandlungen der Geistes- und Sozialwissenschaftlichen Klasse, Jahrgang 1976, Nr. 3, Mainz, 1976,

Bonhoeffer, Dietrich, Widerstand und Ergebung, Briefe und Aufzeichnungen aus der Haft, München, 1983.

Brecht, Martin, Martin Luther, sein Weg zur Reformation,1483-1521, Stuttgart, ^{2}1981.

Buber, Martin, Begegnung, Autobiographische Fragmente, Heidelberg, 1978.

Buber, Martin, Die Erzählungen der Chassidim, Zürich, 1949, 394.

Ciompi, Luc, Die emotionalen Grundlagen des Denkens, Entwurf einer fraktalen Affektlogik, Göttingen, 1997.

Damasio, Antonio, R., Ich fühle also bin ich, Die Entschlüsselung des Bewusstseins. München, ^{2}2000.

Donndorf, Johannes, Das Rosetum des Johannes Mauburnus, Halle, 1929.

Dürckheim, Karlfried, Der Alltag als Übung, Bern/Stuttgart/Wien, ^{5}1977.

Dürckheim, Karlfried, Meditieren – wozu und wie, Die Wende zum Initiatischen, Freiburg, 1978.

Dürckheim, Karlfried, Übung des Leibes auf dem inneren Wege, München, 1978.

Dürckheim, Karlfried, Hara, die Erdmitte des Menschen, Bern, München, Wien, 1978.

Dürr, Hans-Peter, Auch die Wissenschaft spricht nur in Gleichnissen, Die neue Beziehung zwischen Religion und Naturwissenschaften, Freiburg/Breisgau, ^{7}2010.

Dürr, Hans-Peter, Geist, Kosmos und Physik: Gedanken über die Einheit des Lebens, Amerang, ^{2}2010.

Enomiya-Lassalle, Hugo M., Zen-Buddhismus, Köln, ^{2}1972.

Enomiya-Lassalle, Hugo M., Zen-Meditation für Christen, Bern/München/Wien, ^{3}1995.

Enomiya-Lassalle, Hugo M., Zen Unterweisung, München, ^{5}1999.

Erikson, Erik, H., Der junge Luther, Frankfurt am Main, 1975.

Esser, Wolfgang, G., Mystisches Bewusstsein erwacht in uns, Religiosität der Zukunft, Petersberg, 2010.

Fischer, Ernst, Peter, Renn, Jürgen, Ziegelmann, Horst, Albert Einstein, Berlin, 2012.

Flasch, Kurt, Meister Eckhardt, Philosoph des Christentums, München, [3]2011.

Forsberg, Juhani, Die finnische Lutherforschung seit 1979, in: LuJ (Lutherjahrbuch) 72, (2005), 147-182.

Funk, Rainer, Ich und Wir, Psychoanalyse des postmodernen Menschen, München, [2]2005.

Goethe, Johann, Wolfgang, Dichtung und Wahrheit, Stuttgart, 2012.

Gradl, Veronica, Vom Weg zum Ziel, Was spirituelle Sehnsucht im Sinn hat, Terfens, 2007.

Grimm, Beatrice, Der Übungsweg der Kontemplation, in: Willigis Jäger, Kontemplation – ein spiritueller Weg, Freiburg/Breisgau, 2010.

Gronemeyer, Marianne, Das Leben als letzte Gelegenheit, Sicherheitsbedürfnisse und Zeitknappheit, Darmstadt, 2012.

Haas, Alois Maria, Gottleiden – Gottlieben, Zur volkssprachlichen Mystik des Mittelalters, Frankfurt/Main, 1989.

Hägglund, Bengt, Luther und die Mystik, in: Ivar Asheim (Hg.), Kirche, Mystik, Heiligung und das Natürliche bei Luther, 84-94.

Heller-Roazen, Daniel, Der innere Sinn, Archäologie eines Gefühls, Frankfurt/Main, 2012.

Hesse, Hermann, Die Kunst des Müßiggangs, kurze Prosa aus dem Nachlass, Frankfurt/Main, 1973.

Hesse, Hermann, Glück, Späte Prosa, Betrachtungen, Frankfurt/Main, 1973.

Hüther, Gerald, Was wir sind und was wir sein könnten, Ein neurobiologischer Mutmacher, München, 2011.

Iserloh, Erwin, Luther und die Mystik, in: Ivar Asheim (Hg.), Kirche, Mystik, Heiligung und das Natürliche bei Luther, 60-83.

Jaspers, Karl, Der philosophische Glaube angesichts der Offenbarung, München, 1963.

Jäger, Willigis, Westöstliche Weisheit, Vision einer integralen Spiritualität, Bielefeld, 2007.

Jäger, Willigis, Die Welle ist das Meer, Mystische Spiritualität, Freiburg/Breisgau, ^{2}2000 .

Jäger, Willigis, Grimm, Beatrice, (Hg.), Die Flöte des Unendlichen, Mystische Rezitationstexte aus Ost und West, Holzkirchen, 2009.

Jäger, Willigis, Jenseits von Gott, Holzkirchen, 2012.

Jäger, Willigis, Kontemplation – ein spiritueller Weg, Freiburg/Breisgau 2010.

Jäger, Willigis, Wiederkehr der Mystik, Das Ewige im Jetzt erfahren, Freiburg, ^{7}2010.

Jonas, Hans, Organismus und Freiheit, Ansätze zu einer philosophischen Biologie, Göttingen, 1973.

Jonas, Hans, Prinzip Verantwortung, Versuch einer Ethik für die technologische Zivilisation, Frankfurt/Main, 1984.

Jörns, Klaus-Peter, die neuen Gesichter Gottes, Die Umfrage »Was die Menschen wirklich glauben« im Überblick, Neukirchen-Vluyn, 1997.

Jörns, Klaus-Peter, Notwendige Abschiede, Auf dem Weg zu einem glaubwürdigen Christentum, Gütersloh, ^{2}2005.

Jüngel, Eberhard, Gott als Geheimnis der Welt, Tübingen, ^{4}1982

Kierkegaard, Sören, Kleine Schriften 1848/49, Gesammelte Werke und Tagebücher, Bd. 16., Simmerath, 2004.

Kleine Philokalie, Betrachtungen der Mönchsväter über das Herzensgebet, Düsseldorf, 2006.

Kunstmann, Joachim, Rückkehr der Religion, Glaube, Gott und Kirche neu verstehen, Gütersloh, 2010.

Körner, Ulrich, H., J., Reformatorische Theologie im 21. Jahrhundert, Theologische Studien, Zürich, 2010.

Langer, Dietlind, Zimmerling, Peter, Sorace, Marco, A., (Hg.), Gottesfreundschaft, Christliche Mystik im Zeitgespräch. Kohlhammer, Stuttgart 2008.

Leppin, Volker, Luther, Darmstadt, 2006.

Leppin, Volker, Die fremde Reformation, Luthers mystische Wurzeln, München, 2016.

Levine, Joseph, Materialism and Qualia: The Explanatory Gap. In: Pacific Philosophical Quarterly. Band 64, Nr. 4, Oktober 1983, S. 354-361.

Ludewig, Hansgünter, Gerhard Tersteegen als evangelischer Mystiker, in: Dietrich Meyer, Udo Sträter (Hg.), Zur Rezeption mystischer Traditionen im Protestantismus des 16. bis 19. Jahrhunderts, 241-281.

Lustyk, M. Kathleen B./Chawla, Neharika/Nolan, Roger S./Marlatt, G. Alan, Mindfulness Meditation Research: Issues of Participant Screening, Safety Procedures, and Researcher Training. Advances in Mind-Body Medicine, Spring 2009, VOL. 24, NO. 1, 20-30.

Ludewig, Hansgünter, Gerhard Tersteegen als Evangelischer Mystiker, Dietrich Meyer, Udo Sträter (Hg.), Zur Rezeption mystischer Traditionen im Protestantismus des 16. Bis 19. Jahrhunderts, Köln, 2002, 241-282.

Luther, Martin, hrsg., Erwin Mühlhaupt, Psalmenauslegung, Psalmen 1-25, Bd. 1, Göttingen, 1959.

Luther, Martin, hrsg., Erwin Mühlhaupt, Psalmenauslegung, Psalmen 26-90, Bd.2, Göttingen, 1962.

Luther, Martin, ausgewählte Schriften, Bd. 1, Vorrede zum ersten Band der Wittenberger Ausgabe der lateinischen Schriften Luthers, 1545 (G. Ebeling), Frankfurt/Main, [2]1983.

Lyotard, Jean-Francois, Das postmoderne Wissen, Wien, [7]2012.

Mc Ginn, Bernhard, Die Mystik im Abendland, Fülle, die Mystik im mittelalterlichen Deutschland (1300-1500), Band 4, Freiburg/Basel/Wien, 2008.

Merleau-Ponty, Maurice, Das Sichtbare und das Unsichtbare, München, [3]2004.

Merleau-Ponty, Maurice, Phänomenologie der Wahrnehmung, Berlin, [6]1974.

Metzinger, Thomas, (Hg.), Grundkurs Philosophie des Geistes, 3 Bde, Paderborn, [2]2009.

Metzinger, Thomas, der Ego-Tunnel, eine neue Philosophie des Selbst, Von der Hirnforschung zur Bewusstseinsethik, Berlin, 2010.

Meyer, Dietrich, Sträter, Udo, (Hg.), Zur Rezeption mystischer Traditionen im Protestantismus des 16. Bis 19. Jahrhunderts, Beiträge eines Symposiums zum Tersteegen-Jubiläum 1997, Köln, 2002.

Moeller, B., Tauler und Luther, in: La Mystique Rhenane. Colloque de Strasbourg 16.-19. mai 1967, Paris 1968, 157-168.

Moltmann, Jürgen, Gotteserfahrungen, Hoffnung, Angst, Mystik, München, 1979.

Mostert, Walter, Glaube – der christliche Begriff für Religion, in: Glaube und Hermeneutik, Gesammelte Aufsätze, P. Bühler u. G. Ebeling, Tübingen, (Hg.), 1998, 186-199.

Mugerauer, Roland, Luthers Theologie und ihre bedenklichen Folgen, Eine kritische Gesamtanalyse unter dem Maßstab der Perspektiven skeptisch-problematischer Bildung und problemerschlossener Vernunft, München, 2011.

Nicol, Martin, Meditation bei Luther, Göttingen, 1984.

Niethammer, Friedrich, Immanuel, Luthers Predigten über die Evangelien auf alle Sonn- und Fest-Tage, Erster Teil, Nürnberg, 1830.

Nowotny, Helga, Eigenzeit: Entstehung und Strukturierung eines Zeitgefühls, Frankfurt/Main, 1993.

Obermann, Heiko, A., Simul gemitus et raptus: Luther und die Mystik, in: Ivar Asheim (Hg.), Kirche, Mystik, Heiligung und das Natürliche bei Luther, 20-59.

Obermann, Heiko, Luther Mensch zwischen Gott und Teufel, 1981.

Ostertag, Sylvia, Erleuchtung und Alltag, Erfahrungen einer Zen-Meisterin im Gespräch mit Michael Seitlinger, Freiburg/Breisgau, 2008.

Debognie, Pierre, Mombaer de Bruxelles, Jean, Toulouse, 1927.

Rahner, Karl, Das neue Bild der Kirche, in: *Geist und Leben* 39, 1966, 4-21.

Rohkrämer, Thomas, Eine andere Moderne? Zivilisationskritik, Natur und Technik in Deutschland 1880-1933, Paderborn, 1999.

Rosseau, Jean-Jacques, Träumereien eines einsamen Spaziergängers, Stuttgart, 2003.

Rosa, Hartmut, Beschleunigung, Die Veränderung der Zeitstrukturen in der Moderne, Frankfurt/Main, 2005.

Roth, Gerhard, Strüber, Nicole, Wie das Gehirn die Seele macht, Stuttgart, 2014.

Scharfetter, Christian, Der spirituelle Weg und seine Gefahren, Stuttgart, [4]1997.

Schilling, Heinz, Martin Luther, Rebell in einer Zeit des Umbruchs, eine Biographie, München, [2]2013.

Schleiermacher, Friedrich, Über die Religion, Reden an die Gebildeten unter ihren Verächtern, Göttingen, [6]1967.

Schneider, Hans, Johann Arndt und die Mystik, in: Dietrich Meyer, Udo Sträter, (Hg.), Zur Rezeption mystischer Traditionen im Protestantismus des 16. Bis 19. Jahrhunderts, Köln, 2002, 59-90.

Schopenhauer, Arthur, Der handschriftliche Nachlass, Bd. 1, Arthur Hübscher, (Hg.), Frankfurt/Main, 1966.

Schopenhauer, Arthur, Die Welt als Wille und Vorstellung, Stuttgart, 2008.

Schulze, Gerhard, Die Erlebnisgesellschaft, Kultursoziologie der Gegenwart, Frankfurt/Main, New York, [2]1992.

Schwarz, Reinhard, Luther: Die Kirche in Ihrer Geschichte, Ein Handbuch, Bd. 3, Lfg. 1, Göttingen, 1986.

Schweitzer, Albert, Kultur und Ethik, in: Gesammelte Werke, Bd. 2, München, 1974.

Schweitzer, Albert, Die Mystik des Apostel Paulus, in: Gesammelte Werke, Bd. 4, München 1974.

Schweitzer, Albert, Die Weltanschauung der Ehrfurcht vor dem Leben, Kulturphilosophie III, erster und zweiter Teil, München, 1992.

Sölle, Dorothee, Die Hinreise, Zur religiösen Erfahrung Texte und Überlegungen, Stuttgart, [8]1986.

Sölle, Dorothee, Mystik und Widerstand »Du stilles Geschrei«, Hamburg, [4]1998.

Tauler, Johannes, Predigten, Band 1, Einsiedeln-Trier, [3]1987.

Tauler, Johannes, Predigten, Band 2, Einsiedeln-Trier, [3]1987.

Tersteegen, Gerhard, Briefe, Band VII/1, Gießen, 2008.

Tersteegen, Gerhard, Weg der Wahrheit, Walzbachtal, [4]1993.

Tillich, Paul, Systematische Theologie, Bd. 1, Stuttgart, [8]1987.

Tillich, Paul, Der Mut zum Sein, Berlin/New York, 1991.

Trungpa, Chögyam, Spirituellen Materialismus durchschneiden, Bielefeld, 2011.

Tugendhat, Ernst, Egozentrizität und Mystik: Eine anthropologische Studie, München, 2005.

Vasseur, Clara, Bündgens, Johannes, Spiritualität der Wahrnehmung, Einführung und Einübung, Freiburg/München, 2015.

Wallmann, Johannes, Philipp Jakob Spender und die Mystik, in: Dietrich Meyer, Udo Sträter (Hg.), Zur Rezeption mystischer Traditionen im Protestantismus des 16. Bis 19. Jahrhunderts, Köln, 2002, 129-147.

Wehr, Gerhard, (Hg.), Theologia Deutsch, Eine Grundschrift deutscher Mystik, Königsdorf, [2]2012.

Welker, Michael, Gottes Geist, Theologie des Geistes, Neukirchen-Vluyn, 1992.

Weizsäcker, Carl Friedrich, v., Die Einheit der Natur, München, [4]1972.

Weizsäcker, Viktor, v., Natur und Geist: Begegnungen und Entscheidungen, Gesammelte Schriften, Bd. 1, Frankfurt/Main, 1986.

Weizsäcker, Viktor, v., Gesammelte Schriften, Bd.4, Der Gestaltkreis: Theorie der Einheit von Wahrnehmen und Bewegen, Frankfurt/Main, 1997.

Welker, Michael, Gottes Geist: Theologie des Heiligen Geistes, Neukirchen-Vluyn, 1992

Zink, Jörg, Die goldene Schnur, Anleitung zum inneren Weg, Stuttgart, 1999.

Zimmerling, Peter, Evangelische Spiritualität, Wurzeln und Zugänge, Göttingen, 2003.

Zimmerling, Peter, Sonne in einem stillen Wasser, in: Zeitzeichen, 10. Jg., H.1, S. 19-21.

Peter Zimmerling, Evangelische Mystik, Göttingen, 2015.

Zur Mühlen, Karl-Heinz, Nos extra nos: Luthers Theologie zwischen Mystik und Scholastik, Tübingen, 1972.